朝のウォーキング中、朝焼けの空を見上げるのが楽しみ。この日はひとすじの飛行機雲が。

夏の暑い盛りに咲くこの花は「ノウゼンカズラ」という名前だと知った。名前を覚えると、来年再会したときにすぐわかる。

夫と二人でウォーキングに出かけることも。右が10 年以上履き続けてボロボロの私のシューズ。

原稿を書く際に眠くならないよう、朝はフルーツのみに。夫に「ゴリラの餌みたい」と言われる。

食卓は、木のりんご箱を両端に置いて、
伊勢型紙の作業台に使われていたという
大きな板をのせたもの。掃除をするとき
は、座布団をすべて板の上にあげてから。

毎年１月に文旦のジャムを作る。今年初めてビンの脱気に本格的に挑戦。

食器棚の右上は、飯碗と汁椀のコーナー。左写真は三重県の商業リゾート施設「VISON（ヴィソン）」内にある、陶芸家・内田鋼一さんのミュージアムで買った小皿。プリンでも漬物でものせられて、和洋どちらにも使うことができるのが魅力。

気持ちにゆとりがある日は、Kindle で本を読みながら、「いいな」と思った箇所をノートに書き写す。

明るい方へ舵を切る練習

一田憲子

大和書房

はじめに

昔から、私は「超」がつくほどの怖がりでした。暗闇が怖い。人に悪口を言われるのが怖い。失敗するのが怖い。仕事がなくなるのが怖い。要するに、思いもかけない状況に陥って「傷つく」ことが、何より怖い、というわけです。

すると、知らず知らずのうちに、防衛手段がセットされるようになりました。それは「悪いこと」を先に想定して、心の準備をしておくということ。いきなり奈落《ならく》の底に落とされるより、「落ちるかもしれない」と思いながら落ちる方が傷つきにくい、と心のどこかで思ったのかもしれません。

でも、ここ数年でだんだんわかってきたことがあります。それは、人に悪口を言われたって、ご飯はおいしい、ということ。失敗したって、青空はきれいだ、ということ。もしかしたら、仕事が減って稼げなくなっても、お笑い番組を見ればワハハと笑えるかもしれないし、たとえ病気になったとしても、幸せに生きることができるかもしれない……。人は、相反する感情を同時に持つことができるんじゃなかろうか、と考えるようになりました。

目の前に楽しいことと、悲しいことが半分ずつあるとするなら、楽しいことへ手を伸ばし、むしゃむしゃと食べちゃった方がずっとお得なのかも！　少しずつそう思えるようになってきました。

まだ、怖がり虫を撃退できたわけではありません。でも、日々仕事をしたり、ご飯を作ったりしながら、私は少しずつ明るい方へと舵を切る練習をしている最中です。ヒリヒリとした怖さを抱えながら、明るい方へ一歩を踏み出した先には、いったいどんな風景が広がっているのか、見てみたくてたまりません。

気持ちを新たに

1～3月

1月 1日

今年の目標は「まっすぐつながる」

実家にて、雲が初日《はつひ》に染まるのを眺めながら、今年最初の文章を書いています。今年もまわりにいる人みんなが健康で、なんでもない一日を、おいしく、ハッピーに過ごすことができますように……。

今年の目標は「まっすぐつながる」です。

本当に好きなことをやる。
本当に望んでいることをやる。
本当に気持ちの良い人と過ごす。
本当に行きたいところに行く。

自分の本当の気持ちと日々の行動が「まっすぐつながる」ように過ごすってこと。これがなかなか難しい。

私は長い間、「いい仕事をしよう」「人から褒められる人になろう」とガンバッテきたので、いつも何か行動を起こすとなると、「これは、仕事に役立つだろうか？」「これをやると褒められるだろうか？」と外側にばかり目を向けてきました。その結果、「好きなことはちょっと横に置いておこう」「やりたいことは、やるべきことをやった後にしよう」という順番で、ものごとを考えるようになっていました。

花の蕾《つぼみ》を一枚一枚広げて一番まんなかの芯には、いったいどんな自分の「ピュアな」気持ちが隠れているのか。あまりに長く見ないように過ごしてきたので、すっかりそれがなんだったのかを忘れてしまいました。だから、今年はそれを取り戻したい……。

自分がいったい何が好きなのか。今の私には、それさえすぐには答えられません。もしかしたら、本当の私は仕事なんてやめて、毎日遊んでいたいのかもしれない？　本当の私は、旅に出たいのかもしれない？　本当の私は、田舎の島でのんびり暮らしたいのかもしれない？今、そう思わないのは、稼《かせ》がなくちゃいけないから、あるいは老後の不安があるからなのかもしれません。

「ピュア」さを取り戻すためには、いったいどうしたらいいのだろう……と考えていた大晦日《おおみそか》の夜、写真家の中川正子さんのインスタに、ちょうど「これなのよ！」と求めている言葉を見つけました。

「まんなかにあるのは、純粋なよろこび。そのためには、ちいさな違和感を見逃さず、真剣に誠実に向き合うことが大事」

そうか、違和感か。「あれを成し遂《と》げるためには、多少の無理も必要よ」ずっとそう思って、自分の「まんなか」にある思いを無視し、違和感に気づかぬふりをしてきた気がします。

今年はひとつずつ、「これって本当にやりたいと思ってる？」と自分に問い直す作業をしてみたいなあと思っています。

1月3日

父と母に学ぶ、ゆっくり生活

実家でのんびりするのも今日が最後。明日東京に戻る予定です。

何も仕事をしていないのに、一日があっという間に過ぎていきます。朝ご飯を食べたら、掃除をして、駅伝を見たり、グダグダしているうちにすぐ昼になり、昼ご飯の準備をして器を洗ったら、ちょっと出かけたり、母の手伝いをして押し入れを整理したり。そのうち夕方になって、晩ご飯の準備に取りかかります。

ご飯が終わるたびに、親子3人でテレビを見ながらワハハと笑ったり、火事のニュースに怖いねえと言い合ったり、あれこれ喋り、ハッと気づくと1～2時間が経っています。朝昼晩のご飯ごとに1時間以上。これって、自宅ではありえないこと。私のいつもの朝や昼ご飯は、15分ぐらいで終わっちゃいますから。

家族で暮らすってこういうことなんだなあと、いつもは気ままな二人暮らしなので、改めて感じています。お子さんがいたり、家族が多いと、「自分一人の時間が一番の贅沢」と聞きますが、確かにその通りだなと思います。

父も母も昔のようにサッサカ動けないので、何をするにも時間がかかります。しかも、びっくりするぐらい丁寧……。

お正月の主婦の役目は、おせち料理の管理なのですね。お重の中のおかずが少なくなってきたら、詰め替えたり、器に移して冷蔵庫に入れたり。そんなときも、私だったら、お煮しめをバサッと密閉容器に入れるだけですが、母は先に絹さやだけを取り出し、小さな器に盛り付けてから、その絹さやを散らし、ラップをかける。「この方が、しまっておく姿がきれいでしょ」とご満悦です。母は立っているとすぐ腰が痛くなるので、私は「も〜、いいじゃん!」と言うのですが、「こうしとかないと気持ち悪い」とおっしゃる……。

父の役目はアイロンかけで、テレビを見ながら、1時間以上かけてタオルにも、自分のグンゼのパンツにも、アイロンをかけています。

そんな二人のペースに巻き込まれ、私も、いつもより丁寧に器を洗ったり、片づけたり。こんなふうに毎日を過ごしていると、ベッドに入ったときに「は〜、今日も濃密な一日だったなあ」と自然に思うようになってきました。

私の普段の生活は、仕事が中心。原稿を書いたり、取材に出かけたり。その合間にバタバタと、ご飯を食べたり、掃除をしている気がします。それはそれで楽しいし、私にはそのスピード感と家事のいい加減さが合っていると思います。

でも、時折こうやって、「暮らす」ということと濃密に向き合ってみるのもいい。昨夜、ベッドの中でいつものように文庫本を広げたら、いつもより、読むペースがゆっくりになっていることに気づいて自分でもびっくりしました。

1月10日

1月は まっさらになる月

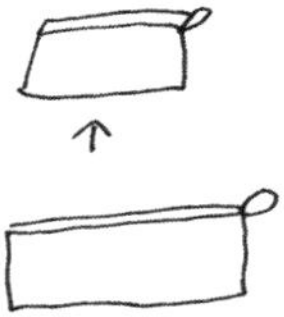

実家から自宅へ戻り、自宅を整えるためのあれこれに着手しています。タオルと下着を「せ〜の」で新しいものに取り替えました。こうした「けじめ」が好き。暮らしまわりのものを一旦まっさらにすると、気分まで、真っ白なスケッチブックのようになる気がします。

そんな中で、今日は仕事に持って出るものの見直しを。ｉＰａｄのケースが破れてしまったので、文房具屋さんで見つけた薄い書類用のビニールケースを買って入れてみたら、シンデレラフィット！　このあたりの、ちゃんと測ってから買いに行かないのが、私の大雑把《おおざっぱ》なところです。以前は、ｉＰａｄ専用のキーボード付きカバーを使ったり、クッション性の高いハードケースを使ったりしていたのですが、なにしろ荷物が重くなる。そうすると、持って歩くのが億劫《おっくう》になってしまうので、今回はとにかく「軽い」ということを第一条件に選びました。

さらに、化粧ポーチとして使っている「モンベル」の赤色のＵ．Ｌ．ポーチも、ひとまわり小さくすることに。このポーチはもともとすごく軽いのですが、いらないものをあれこれ持ち歩いている気がして整理したら、もっと小さなサイズでも事足りることに気づいたというわけです。化粧ポーチの中身は、口紅、ちょっとテカリを抑えるパウダー、ハンドクリーム、予備のコンタクトレンズなど。

コロナ禍で、持ち歩くものが増えました。マスク、除菌スプレー、除菌用シートなど。これらは、黒のU.L.ポーチを買い足して、そちらへ。持ち物が軽くなると、外出がぐんとラクになります。身軽になって、軽やかな足取りで出かけたいと思います。

暮らしを数字で理解する練習を

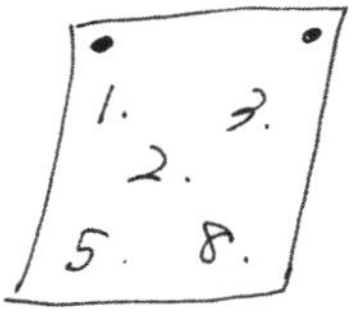

この週末は、家にこもって恒例の1月の小掃除を。毎年、年末の大掃除ではなく、新年になってから気持ちも新たに、いつもはしない場所をちょっとずつ掃除します。

食器棚の器をぜんぶ出して棚板を拭いたり、障子を張り替えたり。疲れすぎないように、途中でお茶を淹《い》れて飴をなめてひと休み。すべてが終わった後、今年はいつもとは違う作業をひとつ。それは、障子紙を何本買って、糊《のり》は何グラム入りのものを何本使い、何時間かかって貼り直したか、という数字を今年の手帳の12月のページにメモしたこと。

いつも適当にアマゾンで、「足りないといけないから、ちょっと多めに」と障子紙と糊を購入。結局障子紙が1本だけ残り、次の年には忘れてまた新しいものを買い、種類が違うから前の1本は使えない……などという無駄なことを何年も繰り返してきました。

でも、最近読んだビジネス本に、「身の回りのわかっている数字を記録する」というものがあったのです。

その日食費にいくら使ったかとか、一日にどれぐらいメールを出したかとか、ひとつの家事をやるのに何分かかったかとか……。そんな身の回りの数字をドンドン集める。私が最も苦手とする作業です。そこにはさらに、こんなふうに書いてありました。

「数字の果たす大きな役割は、将来を予測できるようになること」

苦手でもとにかくやってみる。そのひとつが、障子の張り替えにまつわる「数字」をメモしておく、ということでした。

今年は、もう少し、「暮らしを数字で理解する」という機会を増やしてみたいです。

水回りの掃除の敵はカルキだった!

1月の「まっさら大作戦」はまだまだ続いています。先日は洗面所を。歯磨き用コップとコップホルダーを新しいものに変えました。

水回りの道具の大敵は、「カルキ」です。なるべくプラスチックではないものを使いたいと、以前は、ガラスのコップを歯磨き用にしていました。でも、すぐに白く曇って汚くなってしまいます。ガラス作家の辻和美さんに聞いてみたら、それは、水道水に含まれるカルキのせいだから仕方がない……とのこと。だったら、陶器の白いコップにしてみよう、と見つけたのが、「無印良品」のものでした。これを「マーナ」のホルダーにひっかけておけば、からりと乾きます。

そして、今年もうひとつ、思い切って変えたのがキッチンの水切りかご。ずっと、ステンレス製のものを愛用してきたのですが、ズボラな私は、これをきれいにキープできない……。夜、寝る前にかごの水分を拭き取っておく、と決めて習慣化しようとしたのですが、「あ〜、めんどくさ!」とサボることもしょっちゅう。すると、ステンレスに白い水垢がこびりついてくる……気にしなければいいのですが、気に

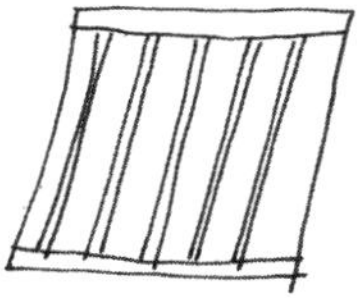

しだすと気になる……。

オキシクリーンの液に浸して、ブラシでこすっても落ちません。以前、ナチュラルクリーニングの専門家に「水切りかごの掃除ってどうすればいいんですか？」と聞いてみたら、「あれは、清潔にキープするのは至難の業《わざ》。だから使わない方がいいんです」とおっしゃっていて、「へ〜！」と思いました。

で、マイクロファイバークロス製の水切りマットに変えてみたのですが、今度はマットを乾かしたり、清潔に保つのが難しい。それで、今回は、「Latuna（ラチュナ）」のシリコン製の水切りラックを買ってみました。使わないときは、くるくる巻いておけば省スペースだし、夜は、吊るしておけばいい。なかなかいい感じです。

これが、使い続けている間に、どう汚れてくるか、どうやって「きれい」をキープできるか、これから試してみるつもりです。

1月20日

夕方から打ち合わせがあるときの晩ご飯

夕方近くにオンラインで打ち合わせが入ると、晩ご飯の支度の時間と重なります。昨日もちょうど18時から打ち合わせ。1時間半かかるとすると、終わるのは19時半。あれ？　ご飯の準備遅くなるじゃん！と気づいたのは17時になってからでした。

「これはいかん！」とちょっと先に作っておくことに。

今あるもので……とキッチンを見渡して、まずはじゃがいもを茹で始めました。わが家のマッシュポテトはかなりおいしい（自画自賛）。私は「北あかり」で作るのが好きです。バターを多めに入れて、豆乳を加えてゆる〜くぽってり仕上げます。

次に、乾物のかごから取り出した高野豆腐をちゃちゃっと水で戻して油で揚げて出汁で煮ます。時間がないときに揚げ物なんて！と思う方がいらっしゃるかもですが、揚げるって、5分でできちゃうから時短にはいいなあと思っています。

冷凍しておいた出汁を解凍して醤油とみりんを加え、高野豆腐を入れてひと煮立ちさせればできあがり。こういう温かい煮物があると、なんだか安心するんですよね。ちなみに、高野豆腐など乾物を煮るときは、プカプカ浮いてくるので、陶器の落とし蓋で押さえています。

メインは、醤油麹に漬けて冷凍しておいたチキンを焼くことにして、これで準備完了。30分でできました。

オンラインの打ち合わせが終わったのは、19時45分ぐらい。そこからパパッと準備したのですが、チキンを焼くのに思った以上に時間がかかり、20時半ぐらいに晩ご飯となりました。昨夜のチゲ鍋の残りがお味噌汁代わりです。

それでも、ある程度の準備ができていると、焦ったりイライラしたりせずに済みます。会議の前に、30分でできることを考えて、時計とにらめっこしながら競争のようにあれこれ作り、時間ギリギリに何気ない顔をしてパソコンの前に座る。そんな段取りが、なんだかゲームみたいで楽しいです。

マッシュポテト

材料……じゃがいも（北あかり）4個、バター20g、豆乳100ml、塩少々

作り方…じゃがいもの皮をむいて2〜4等分して茹でる。茹でたてをマッシャーでつぶし、温かいうちにバターを加えて混ぜる。バターが溶けたら豆乳を加えてよく混ぜる。塩少々で味をととのえる。

高野豆腐の揚げ煮

材料……高野豆腐4枚、揚げ油適量、出汁2カップ、みりん大さじ2、醬油大さじ1・5、塩少々

作り方…高野豆腐は水で戻し、よく絞ってから2等分し、油で揚げる。出汁、みりん、醬油、塩を加えて煮立て、揚げた高野豆腐を加えて落とし蓋をし、弱めの中火で10分ほど煮る。

1月21日

人間は弱いままでいい

朝起きてウォーキングに出るとき、玄関を出るとまず、お月様と顔を合わせます。き〜んと冷えた空気の中に浮かぶお月様は本当にきれい。まずは、西向きに歩き始めるので、しばらくはこの風景を眺めつつ歩きます。

いつもの道で出会うのは、明らかに若い頃運動していたんだろうな、と思う背の高いおじさん。ゆっくりなんだけれど、たしかなリズムを刻みながら走っていて、その美しさに惚れ惚れします。私は勝手に「吉祥寺の村上春樹さん」と名付けております。

もう少し歩くと、今度は老夫婦が首から小さなライトを下げて散歩されています。まるで胸に星を下げているかのようで、「星のご夫婦」と名付けました。

帰りは東向きになるので、今の時期は、東の空に大きく輝く明けの明星＝金星を見ることができます。金星は1月下旬からどんどん輝きを増すのだとか。

そして家に近づくにつれ、少しずつ空が明るんできます。赤くなる前の、なんともいえない青に変わっていく空が大好きです。そんな空を背景に、葉っぱを落とした木々が影絵のようです。

こんな天体ショーを毎日眺められるって幸せだなあと思います。何か心配事や気になることがあると、この美しさを感じられなくなってしまう……。手元にたしかにあるのに、自分次第で、見えたり見えなかったりするものがあるんですね。

そんな中、数学者の森田真生《もりたまさお》さんの『僕たちはどう生きるか』（集英社）を読みました。

「僕の一日は、家にいる生き物たちの世話から始まる」という一文で、この本は始まります。

以前は講演などで世界中を飛び回っていた森田さんが、コロナ禍で動けなくなった。そこで、息子さんたちと川で採ってきたエビやオタマジャクシやサワガニを育て、庭に菜園を作り、生ゴミをコンポストに入れ……。そうやって世界を小さくすることで、見えてきたものがたくさんあったそう。

出来事を日記の形で綴りながら、そこはさすが森田さん。豊富な知識で、数々のプロフェッショナルの言葉を紹介しながら、日常に起こったことを分析されています。

「すべてのものは、自分でないものに支えられている。だから、自力だけで立てるものなどない。この意味で、人に限らず、ものはみな弱い。弱さは、存在の欠陥ではなく、存在とはそもそも弱いものなのだ。僕は月を見上げて心動かされる。それは、僕が弱いからである。僕は、花を見て嬉しくなり、幼子の笑顔を見て思わず微笑んでしまう。僕は僕だけで立てないからこそ、僕でないものと響き合うことができる」

この文章を読んだとき、本当に感動しました。私が早朝の天体ショーに心震わすのは、私の手には届かない大いなる力を感じているからなのでしょう。

人は弱くていい。そう言ってもらっている気持ちになりました。そして、こうも綴られています。

「現実に打ちのめされるだけでなく、不気味な現実と向き合い続ける日々を、いままでの固着した思考パターンを解きほぐしていく好機ととらえる」

「学びとは、単に情報の伝達と吸収ではない。それは、未知なる他者に触れ、不可解なものと付き合う時間のなかで、自己を書き換えていく活動である」

なるほど～と思いました。自分の日常と照らし合わせ、すぐそこにある庭の土や、そこに咲く花や、そこで生きている虫を見つめてみよう。なんだか心にポッとあかりが灯《とも》る気がします。

最近わが家にやってきたもの

最近わが家にやってきたものをちょっとご紹介。

まずは、「On（オン）」のスニーカーです。『大人になったら、着たい服』の取材の際、大先輩の「R（アール）」の小松貞子《こまつていこ》さんが履いていらっしゃったのを真似したのが、私のスニーカーデビューでした。スイス生まれの高機能スニーカーで、とにかく軽い！　そして、履いていてラク！

ずっと「chausser（ショセ）」のレースアップシューズばかりを履いてきたのですが、このスニーカーを知ってからは、すっかりこれになりました。以前から履いていたのは、白の2足。そろそろ黒も欲しいなあと、1足買ってみました。この黒いスニーカーは防水タイプなので、雨の日でも大丈夫。

トレンチコートに黒のリュックを背負ったときは、黒のスニーカーを。ネイビーのパンツとコートのときは、白のリュックと白のスニーカーを、というのが最近のパターンです。

以前、伊勢丹のアシスタントバイヤーの原田さんに、「靴は自分のサイズより大きめがかっこいい」と教えてもらいました。私は背が高いのに、足のサイズは小さくて、ジャストサイズは23・5㎝。でも、このサイズのスニーカーを履くと、足元だけが小さく、不安定に見えるのです。なので、24・5㎝を選択。ちょっと大きめの方が、パンツのときにはもちろん、ワンピースと合わせても、足元がしっかり落ち着いて、かっこよく見えるから不思議です。

もうひとつわが家にやってきたのが、「CARRY THE SUN（キャリー・ザ・サン）」という名のライトです。整理収納アドバイザーのEmiさんにいただいたもの。裏返してみると、ソーラーパネルがついていて、充電できるしくみ。そして右下のスイッチを押すと、なんと、電気がつくのです。「防災グッズとしてもいいと思って」とEmiさん。

古い日本家屋のわが家では、玄関の電気のスイッチが、靴を脱いであがった向こうの壁際についています。つまり、夜帰って、玄関のドアを開けても真っ暗。入ってすぐのところにあかりがあればいいなあと思い続けていたのでした。さっそく昨日から玄関の下駄箱上にスタンバイさせています。夜に灯すと影が壁に映ってきれい。ソーラーで充電して使うから、名前が「CARRY THE SUN」。なんだか素敵です。

新しい靴がやってきたら、外出する足元がちょっと軽やかになるし、新しい照明がやってきたら、いつもの夜がちょっと華やかになる。お買い物の楽しさを思い出しました。

1月24日

すぐそばにある「いいこと」の方へ

先日の撮影で、おしゃれの先輩と雑談をしていたときのこと。

その方は、お母様の具合が悪く、実家に戻って一緒に暮らし始めたのだそう。「いくら実家でも、やっぱり『自分の空間』がないと、ダメなのよねえ〜」としみじみおっしゃっていて、「そうそう！」と思わずうなずきました。私も、昨年プチ介護で実家と行き来していたとき、そう感じていたので。

かつて自分が暮らした家でも、そこは、やはり母が整えた場所。実家に帰ったときにしか飲まない、ホットミルクで作った甘いインスタントコーヒーはおいしいけれど、やっぱり、自宅でいつもの「カルディ」で買った「リッチブレンド」をゴリゴリひいて、自分が選んだマグカップに注いだコーヒーが落ち着く……。

わが家にあるすべてのものは、私がコツコツと集めたもので、生活の場は、時間をかけて私が作り上げたもの。いつもご飯を食べる食卓も、いつも原稿を書くデスク上のマウスパッドも、いつも窓から差し込む光も、知らず知らずのうちに、「自分が心地いいように」とポケ

ットの中に集め続けたものなんだなあということを実感します。

どんな家であれ、どんな部屋であれ、「自分の暮らしの場」を持っているということは、とっても幸せなことなんですよね。そのことに、気づかせてもらった気がします。

最近、母の具合がまたよくなくて、モヤモヤとしています。実家で、老いた父と母が助け合いながら暮らしていることを想像すると、今すぐ帰って手伝いたくなります。そんなことをぐるぐる考え続けていると、心が重たくなってきます。

そんなとき、以前「kubo ぱん」をされていた、久保輝美さんのインスタで、はっとする言葉に出会いました。

「考えても仕方がないものは、考えない。自分ではどうしようもないモノゴトは、そのままキッパリ放っておくの。あなたのかけがえのない時間を失ってしまわないように。『ない』を優先すれば、今できることに集中できる」

たしかに、母の体調のことは、私がいくらもんもんと考えても、改善するわけではありません。だったら、コーヒーがおいしくはいったことに感謝して、顔をあげて、にこやかに一日を送る方がいい。そして、元気な声で実家に電話する方がずっといい。そう自分に言い聞かせています。

以前、ライター塾サロンのメンバーの松山美由紀さんに教えてもらった言葉に、「幸せな方の椅子に座る」というものがあります。

悲しいことが起こっても、縁側の光は美しいし、困ったことがあっても、コーヒーはおいしい。

だから、悲しさや悩みにひきずられすぎないように、暮らしの中の小さな「いいこと」の方に顔を向けられたらいいなあと思います。

2月 13日

もやし炒めのささやかな幸せ

最近、めちゃ簡単なのにめちゃうまい！というおかずを発見することにハマっています。

昨晩は、もやしあんかけ！　まずはもやし1袋を炒めて、卵3個を溶きほぐしてジャッとかけます。ここがポイント。卵があることで、ぐっとごちそう感が増します。

卵が半熟になったらもやしと卵を一旦取り出し、同じフライパンであんを作ります。水1カップに、鶏がらスープの素小さじ1、醤油小さじ1、塩少々を加えて、水溶き片栗粉適量でとろみをつけるだけ。これをもやしの上からとろーりとかければできあがり。

あっさりしていて食べ応えもあり、めちゃ簡単なのに、めちゃおいしい。これだけで、幸せな気分になれます。

2月 15日

初めて「脱気」をやってみた

週末は毎年恒例の文旦《ぶんたん》ジャム作り。でも、いつもと違うことがひとつありました。それは、コロナ禍で買い物の仕方が変わり、冷凍庫がいっぱいになってしまったということ。いつもは、ジャムを大量に作って冷凍するのですが、どう考えても入るところがない！

そこで、常温で保存できるよう、ちゃんと「脱気」をすることにしました。つまり、びんの中の空気を抜いて真空にするということ。

これまでは「どうせ冷凍するし……」と適当にびんに熱湯を振りかけるだけだったので、「脱気」という言葉は知っていても、実際にどうやるか、ちゃんと理解していませんでした。そこで、まずはネットで検索。よし、「WECK（ウェック）」の保存びんとパッキンと金具を買って本格的にやってみよう！とワクワク。ウェックでは、パッキンをしたフタを金具で留めて脱気すると、金具をはずしてもフタが開かないのだとか。お〜、これをやってみたい。

意気込んで、近所のいつもウェックを買っているお店に行くと、なんと売り切れ！ ありそうなお店に電話しても、ない。仕方なく、も

う一度ネットで調べて、自宅にあるびんで脱気にトライしてみることにしました。

まずは、びんとフタを煮沸。その後、熱々のジャムをびんに詰めます。この「熱々」というところが大事なのだとか。そして、びんに軽くフタをして、再び鍋の中へ。20分ほどコトコト煮ます。この間に、びんの中の空気が膨張します。取り出したら、フタをちょっとだけ開けて中の空気を出して、再びすぐにギュッと閉める。ここが、「脱気する」プロセスというわけ。

やってみたけれど、本当に脱気できているのか今ひとつよくわかりません。それでも一応すべてやって、ようやくびん詰めができあがりました。

しばらく机の上に並べていたら、突然「ペコン！」という音がしました。中の空気が冷えて、圧力が下がった模様。お！　うまくいったのかも！　こうして、私の「初めての脱気大作戦」は終わったのでした。ここから半年ほど、常温で保存してみて、カビなどが生えなければ成功というわけです。この方法なら、ジャムだけでなく、いろんなものを保存できそう。

日常のささいなことの中にある「はじめて」って楽しいものですね。毎年続けている文旦ジャム作りなのに、たったひとつ「常温で保存する」という条件が加わったとたん、あれこれ勉強し、オロオロし、トライし、「ペコン」という音に歓喜する。そんな時間が楽しいです。

2月 17日

ポジティブを足し算する

今、体が思うようにならない母は、あちこちの病院に行き、あれこれと解決法を試しています。私は、その様子をハラハラしながら電話で聞き、励ましている最中。

そんなとき、同じことでも、母から聞くのと父から聞くのでは、状況がまったく違うことに気づきました。

母は、

「注射打ってもらって、ちょっとはましになったんだけど、これがどこまでもつのかわからんし……」

「もし、これがうまくいかなかったら、どうするんやろう？」

対してスーパーポジティブな父は、

「すごくいい先生で、あんな先生に出会えるなんて、ラッキーだよ～」

「歩き方が全然変わった気がするよ。ひょいひょい歩けるんだから」

まあ、当事者とその横で見ている人、という違いはあると思いますが、この二人の言葉を聞いていて、「ああ、同じ時間を過ごすなら、ポジティブじゃないと、ソンじゃん！」と思うようになったのでした。

これから起こるかもしれないことを心配して暗い声を出す母。今日あったいいことを喜ぶ父。

「おか〜さん、そんな悪いことばっかり考えないで、それだけ歩けたなら上等だよ！」と励ましながら、「どっち」を足し算しながら生きるかなんだよなあと思ったのでした。

悪いことばかりを足し算すれば、毎日はどんどん暗くなります。でも、あっけらかんとした父のように、「いいこと」だけ足し算すれば、空はどんどん明るくなる。

残りの時間が少なくなるからこそ、「いいこと」を足し算して、ハッピーに生きていけば、きっと幸せな毎日になるはず。老いた両親の姿が、私のこれからの道を導いてくれているような気がしました。

2月22日

消耗品を点検し、暮らしを小さく

これから先のことを考えて、大の苦手の「家計のやりくり」も、そろそろやらないと。そんなわけで、少しずつ家の中の消耗品を見直しています。

まずは、洗剤類。キッチンやお風呂洗いの洗剤は、ずっと「エコベール」を使っていたのですが、少々お高い……。そこで、環境に配慮したものでリーズナブルで……とあれこれ調べて「緑の魔女」を選んでみました。エコベールの業務用５リットルが３９００円ぐらいで、これだと２７００円くらい。「無印良品」の容器に移し替えて使っています。お風呂洗いの洗剤も（お風呂は平日はマイクロファイバークロスで洗うだけで、週末だけ洗剤を使っています）、「緑の魔女」のバス用にしました。

私は、暮らしまわりの記事を書いているので、「使ってみなくちゃわからない！」と、普通の人よりずいぶんたくさんのお買い物をしてきたなあと思います。どこかに遊びに行ってお金を使う、ということはあまりしないけれど、日常の生活にかけるお金は、「一番いいものを使ってみたい」「いろんなものを知りたい」と、どんどんふくらんでいきました。

でも……。そろそろ、もういいかな？と思うようになりました。若い頃は、バターはカルピスバターじゃなきゃと思っていたけれど、よつ葉バターで十分おいしいし、白雪ふきんじゃなくても、無名の蚊帳《かや》ふきんを探したら、値段は半分だったし。きっと今までの私は、「いいものを使っているイチダさん」と思われたかったんだよなあ〜。自分の暮らしなのに、「誰かに見られている暮らし」を常に頭に描き続けてきたのかも。そろそろそんな見栄を手放す時期になったのかも。

少しずつ、不要なものを削り、節約できるところは節約し、それでもゆずれないところは、ちゃんとお金をかけて、メリハリをつけながら、暮らしをひとまわり小さくしたい。

以前『暮らしのおへそ』で樹木希林さんを取材させていただいたとき、「家中のものを、小さな石鹸ひとつで洗っている」とおっしゃっていたのがとても印象的でした。

私は本当に大雑把な性格なので、自分が何に、どれぐらいお金を使っているのかさえ、ちゃんと把握できていません。お恥ずかしい限り。少しずつ、視線を自分の足元に戻し、暮らしを点検して、人生の後半は軽やかに暮らしたいなあと思います。

2月28日

感謝しておいしく食べよう

朝、ウォーキングに出ると、しんとした静けさ。その静寂を、なんてありがたいのだろうと感じます。ついこの前まで、真っ暗だったのに、今は家を出ると青の世界。空も空気も闇から抜け出し、かすかに届く陽の光に色を取り戻したようです。以前は真っ暗で何も見えなかったけれど、植物の姿も見えてきました。今は紅梅《こうばい》が満開です。

最近ちょっと沈みがちな気分を上げるために、せめておいしくご飯を食べよう！と、昨日のわが家の夕食は餃子でした。というのも、おいしい餃子の皮を買ってきたから。

先日原宿で打ち合わせがありました。「お、原宿！　だったらアレ、買って帰ろう！」と、行く前からたくらんでおりました。

原宿、表参道界隈に行ったら必ず立ち寄るのが、表参道GYRE（ジャイル）という商業ビルの4階にある「eatrip soil（イートリップ ソイル）」です。お店の中に入ると、料理家の野村友里さんがセレクトした全国のおいしいものがぎっしり。

「soil（ソイル）」とは「土」という意味だそうです。生命はすべて土から生まれて土に還る。そんな営みを大事にしたい、という思いから名付けたのだとか。

そこで必ず買って帰るのが、「鎌倉〈邦栄堂製麺《ほうえいどうせいめん》〉」の餃子の皮です。店主の関康《せきやすし》さんはなんと家具職人でありながら、家業の製麺所を継いで二足のワラジを履いているのだとか。会ってみたいなあ。

もう、この皮が！　もっちもちでおいしいのです。この皮を食べるために餃子のあんを作るって感じ。で、さっそく昨晩作りました。

わが家の餃子のあんは、『LIFE 2』で紹介されている飯島奈美さんのレシピ。キャベツとニラ、豚ひき肉に、すり下ろした玉ねぎとにんにく、ねぎとしょうがのみじん切りを加え、醤油、オイスターソース、酒、ごま油などで味つけします。

以前、鉄のフライパンで餃子をカリッと焼く練習を何度もして、何度も失敗して、最近ではほぼ１００％上手に焼けるようになりました。

コツは、最初に鉄のフライパンを白い煙が出るぐらい熱々に熱して、

油を「えっそんなに？」って思うぐらい多めに入れて、餃子を投入すること。
20個を二人でペロリと食べちゃいました。食材の力ってすごいですね。薄っぺらい皮なのに、こんなにも幸せな気分にしてくれるなんて。
暖かい部屋で、当たり前のいつもの夕食を、「おいしいねえ〜」と言いながら食べられることに、心から感謝です。

3月 2日

拭き掃除の時間を変えてみた

家で執筆の日々が続いています。家で仕事をする日は、朝もそんなに慌てずバタつかず、緩やかに過ごすことができます。そこで、ちょっと掃除の仕方を変えてみることにしました。いつもの掃除を分解し、「拭き掃除」だけを抜き出してみることに。

きっかけは、洗面所の床がなんだか薄汚れているなと思ったこと。で、マイクロファイバークロスで、床をゴシゴシ。じゃあ、ついでに部屋の拭き掃除もしちゃおうか?と思い立ちました。

いつもは、ハンディのクイックルワイパーでホコリを取る↓掃除機をかける↓モップで床を水拭きする↓マイクロファイバークロスで拭き掃除をする、という順番で「30分掃除」をしていたのですが、先に拭き掃除だけ朝にしてしまうことに。

本当は、ホコリをすべて払ってから最後に拭き掃除、という順番が正解なのでしょうが、暮らしの自然な流れの中に組み込んだ方が、「あ〜、面倒だな〜」と思わないでできるのです。

で、キッチンの冷蔵庫の上とか、リビングのチェストの上とかを、

さ さ～っと拭き掃除。さらに、書斎のデスクの上も拭いて……。今まで、仕事の前にウェットシートでデスクまわりを拭いていたけれど、この流れだと、シートを使わなくてよさそうです。

拭き掃除のいいところは、「拭く」ために、出しっぱなしのものを片づけるということ。朝に顔を洗う流れで、家中の拭き掃除をしながら、ポストからとってきたDMや、出しっぱなしだった雑誌や本、オンラインでの打ち合わせに使って食卓に出しっぱなしだった書類などを、元の位置に戻します。するとたちまち部屋がすっきり片づいて、なんだか空気までキレイになったよう。

家事のしくみって、どんどん変えて、新しく更新した方が、楽しいなあと思います。毎日やらなくちゃいけないことだからこそ、その「やり方」を少し変えてみると、気分ががらりと変わる。そんな効果をあえて利用してみるのもいいものです。

3月 5日

初めての鯛の天ぷら

先日、和歌山県新宮市で魚屋さんを営まれている、中本大《まさる》さんからお魚が届きました。届いてすぐ、「届きました～。これ、鯛ですか？」とメールをすると、「鯛ではなくて、甘鯛です！」とのお返事。

鯛と甘鯛って違うの？と思って調べたら、甘鯛って「ぐじ」と呼ばれる高級魚なんだそう。

「2つのパックは、骨付きと骨なしにしてあるので、骨付きは塩焼きに、骨なしはソテーにどうぞ」とのこと。なんてこまやかな心遣いでしょう！

そんなとき、ちょうど先日見たテレビ番組を思い出しました。大原千鶴さんがお料理をされる「あてなよる」（NHK）。私はこの番組が大好きです。前回のお題は「鯛」。そこで紹介されていた天ぷらがとてもおいしそうだったので、甘鯛でやってみることにしました。

卵は使わず、水に小麦粉をさらさらと入れて、ジャブジャブ混ぜて、ダマになっても気にせずに、絡ませて揚げるだけ、と大原さんがおっしゃっていたので、やってみたら、大成功。とてもおいしくいただきました。

塩とタルタルソースの2種を用意して、塩でシンプルに食べる方がおいしいかなと思っていたのですが、これにはタルタルソースの方が断然合いました。大原さんは、文旦のタルタルを作っていらしたけれど、私は面倒で、ラッキョウを刻んでマヨネーズで和えるだけに。文旦もおいしそうなので、今度トライしようと思います。

3月 7日

古いものと新しいものを取り混ぜた毎日を

わが家の食卓は、伊勢型紙を作るのに使う大きな作業板を、木製のりんご箱2つの上に渡したもの。17年前にこの家に引っ越してきたとき、三重県亀山市にある而今禾《ジコンカ》（Jikonka）さんのお店で商品を並べる展示台として使われていたものをいただいてきました。

毎日私はここでご飯を食べ、ときには撮影をしたり、打ち合わせをしたり、わが家で一番大事な場所です。その脚となっているりんご箱の木が割れて、釘で止めても止めてもパカッと開くようになってしまいました。

そこで、インターネットで探しに探し、青森のりんごを販売している業者さんから古い木箱を買いました。以前使っていたものより新しいけれど、新品ではないから、わが家にほどよく馴染んでくれました。

そしてもうひとつ、わが家に来たものが、Fire TV Stick（ファイアーTVスティック）です。え？ 今ごろ？と驚かれるかもしれませんが、これは、メカに奥手の私が取材先で教えていただいたもの。Wi-Fi（ワイファイ）がつながっていれば、テレビにつないで、「YouTube

（ユーチューブ）」や「Netflix（ネットフリックス）」「Amazon プライム・ビデオ」などのコンテンツが楽しめるというもの。

これまでも知ってはいたけれど、「そんなに見ないし」と思っていたのでした。が、「仕事以外のことも楽しむキャンペーン中」のワタクシ。テレビ画面でいろんなものを見たり、聞いたりできたらいいかも、とエイッと買ってみたのでした。

完全には使いこなせていないけれど、ユーチューブをチェックしたり、NHKオンデマンドで古い番組を見たり、と楽しんでおります。

古い木箱の食卓で、新しい機器を使って暮らしを楽しむ。古くて新しい、なんだか不思議な毎日です。

3月 10日

夫婦げんかと伝える力

ここ数日、夫との気まず〜い状態が続いています（苦笑）。

原因は、晩ご飯の準備のこと。その日、私は忙しくて３つの打ち合わせを終え、帰る頃には日が暮れておりました。一方夫は、一日家にいて、確定申告の作業を。当然、何か作っておいてくれているはず……と私は思い、「今から帰ります〜」とラインを送っても既読にならない。で、吉祥寺に着いてから「もしや」と嫌な予感がしたので電話してみました。

「えっと、ご飯作ってくれてる？」と聞くと、あっけらかんと「いいや、作ってな〜い」とのこと。ムカッ！　そこから買い物をして帰って、プリプリしながら作りプリプリしながらご飯を食べました。

私が悲しかったのは、夕方近くなって、外が暗くなってきて、私がまだ帰ってこなかったのに、「この時間から帰ってご飯を作るのは大変だよなあ」とはこれっぽっちも考えてくれなかったということ。

私はいつも夕方になるたびに「今日は何時頃帰る？」とラインを打ち、温かいものは温かく出せるように、毎日時間を合わせて準備しているというのに～！　ということでプリプリ。その後はし～ん……と口をきかない状態になったというわけです。

そんなときは、体を動かすのが一番！　テニスのパーソナルレッスンのコーチは、教え方がとても上手です。バックハンドでも、ボレーでもスマッシュでも、うまくいかないときに、どうしたらうまくいくか、それを「言葉」で説明するのがうまい。いい指導者って、自分の体が知っていることを、どう言語化して相手に伝えたら相手が理解できるかを、わかっているんですね。

先日は、どうしてもうまくいかないスマッシュについて、「空に向かってクロールで進むみたいに」と両手を空に向かってくるくる回しながら教えてくれました。

「テニスでは、横軸の動きと縦軸の動きは別物。それが切り替えられないとうまくいかないんです。スマッシュは縦軸。だからクロールです」って。

さっそくボールがぽ〜んと高く上がったら、クロールをイメージして、左手でバランスをとりながら右手を回転させてみると、パカ〜ン、とうまくいきました。終わって帰る途中も「クロールか〜。言葉ってすごい」と感動することしきり。

で、考えました。そっか、私は夫になんにも伝えていなかったなあって……。私は、怒ると黙るクセがあります。丁寧に、「こうしてくれたらよかったのに」とか「こうしてくれたらうれしい」と言えない……。「察してよ」ということは無理だと重々わかっているのに、いつも言葉が足りない。

けんかして、後から「あのときはこうで〜」と言うのは、蒸し返すようでなかなか難しいもの。だったら、その場で「ちょっとはこっちのことも考えてよ〜！」ってちゃんと伝えるのがいいのかもしれない。「伝える」ということの難しさと、ドンぴしゃの言葉の持つ威力を考えた数日でした。

3月 12日

果物の「定位置」づくりに四苦八苦

みかんを愛媛県の農家さんから取り寄せています。送られてきた段ボール箱のまま、わが家の冷蔵庫でもある〝さむ〜い廊下〟に置いてあるのですが、頻繁に取り寄せるので、ずっと廊下に段ボール箱がある状態に。さらにりんごも青森の方が送ってくださり、2箱に。う〜ん、これはどうにかしなければ……と「果物置き場」をつくることにしました。

まずは、「入れ物」を探しに行かなくてはいけません。が、これがなかなか見つからない。段ボール1箱分すべてが入らないと意味がないので、そこそこの大きさが必要です。1か月ほど前から探し続けておりました。

ある日近所の雑貨屋さんの前を自転車で通りかかったとき、「これ！」とバケツ型のかごを見つけました。

サイズを測って……という緻密さのないワタクシ。「これならいけるだろう！」と見切り発車で買って帰ると、ぴったりでした。本当は重ねないで平らに保存した方がいいのだと思いますが、どんどん食べてすぐになくなるので、ま、いいかと。

家にたったひとつ「定位置」を決めるだけなのに、あれこれ迷ったり、買いに行く時間がとれなかったり……と大変です。でも、ドンぴしゃりなものを見つけると、とってもうれしい。最近は、この2つのかごの前を通るたびにニマニマしています。

3月 15日

フルーツケーキとデザートフォーク

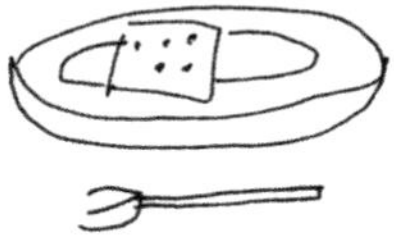

白い木蓮《もくれん》は気高く咲いて、こぶしはヒラヒラと舞うように咲いて、小手毬《こでまり》はハラハラとこぼれ落ちるように咲く……。朝、ウォーキングに行くと、あちこちで春が進んでいくのを感じます。先日は、うぐいすが力強く鳴いていてびっくりしました。

昨日はホワイトデーなるものでした。夫が出張先から買ってきてくれたフルーツケーキを食後に二人で食べました。私の大好物、老舗のクラシックホテルとして有名な静岡県伊東市にある川奈ホテルのもの。ドライフルーツがぎっしり入った昔ながらのフルーツケーキです。パッケージも素敵。お取り寄せもできます。

普段、わが家では木のカトラリーを使っています。毎日のスープを飲むスプーンも、パスタを食べるフォークも木。口当たりが優しいので、金属はちょっと……とほとんど使わなくなりました。

でも、ケーキだけは別。ぽろぽろと崩れやすいケーキは、やっぱりシルバーのちゃんとしたフォークで食べたい。でも、なかなか気に入るものが見つからず、ずっと買えずにいました。

そして、先日やっと見つけたのがヨーロッパの古いデザートフォークです。アンティークのカトラリーというと、どっしりとした重厚なものが多いのですが、これは先が細く華奢《きゃしゃ》なところに惹かれました。

今までいろんなカトラリーを見て、「これにしようかな？」と思っても、何かが違う……と買えなかった日々。「これだ！」と思って、ためらいなく決断できるものに出会うと、本当にうれしいものですね。

「これは違う」「これはいい」と判断することって、いったい何を基準にすればいいのでしょう？　モノだけじゃなく仕事でも、「これでよし」と決めることはなかなか難しい……。

たとえば、誰かに仕事を頼んだとき、「これでいい」とＯＫを出すのは簡単です。でも、「これは違う」とダメ出しをするのは勇気がいります。つい「結果」ではなく、「こんなに手間をかけてくれたんだから」とか「こんなに熱心なんだから」と、「過程」を見てしまいがち。

でも、先日一緒に仕事をした方は「これは、違うと思う」とピシャリ！「え〜、そんな〜」とそのときは思ったけれど、よく考えたら、たしかに「結果」としてのクオリティには達しておらず、「その通りだった」と納得したのでした。

波風をたてることが怖くて、つい判断があやふやになる。そんな自分を反省。きちんと本当のことを見極める強さが持てたらいいなあと思います。

3月18日

初めての停電と備え

一昨日の夜、停電がありました。地震＋停電という体験は、実は初めてでした。そこで役立ったことをメモしておこうと思います。

とにかく真っ暗。外を見ても真っ暗……。そして、何が起こっているかがわからない。携帯のニュースで、震源地をやっと知りました。ただ、私の携帯はなぜかつながらず、夫の携帯で。

いつまで停電なのか、東京全体が停電なのか……。テレビもつかないし、パソコンも使えない。普段、いかに情報を「電気」に頼っているかを思い知りました。

そんな中ですごく役立ったのがラジオです。今年になってわが家では、遅ればせながら防災のための備えを少しずつ進めていました。それで買った物のひとつがラジオだったというわけ。

購入したラジオは、ソーラーで充電できるし、ハンドルを回しても充電可能。さらに、懐中電灯にもなるというものです。携帯のradiko（ラジコ）も使えなかったので、今回情報はほぼこのラジオで聞きました。リアルタイムで誰かが「今」を伝えてくれるって、心強いものなんですね。

さらに、もうひとつ買ってあったのがポータブルバッテリー。これはコンセントをさせば電源がとれるし、ＵＳＢにつなげば携帯も充電できます。

夫がフル充電しておいてくれたので、ちゃんと使えました。ただ、使うのは初めてだったので、「あれ？ これどうするんだっけ？」と暗闇の中であれこれひっくり返し、テレビにつながったときは「やった〜！」と思わず声が出ました。防災グッズって、買っておくだけでなく、ちゃんと使ってみないとダメですね。今回はすぐに電気が復旧したので、それほど必要ではありませんでしたが、ポータブルバッテリーは少々高価ではあるけれど、あると安心だなあと感じました。ただし、３か月に1度充電しておかなければいけないそう。

いつまで停電が続くかがわからないと、バッテリーを消費するのも不安で、途中からはキャンドルを使いました。こんなときは、ガラスびんに入っているキャンドルの方が、持ち運びもしやすいし、置いておくのも安心。ただ、地震の際にキャンドルを使うのは火事の原因になることもあるので、使わない方がいい、とアドバイスされている方もいらっしゃいました。

まだまだ防災初心者の私。これからは、もう少しちゃんと学んで、食糧を買い足したりと、「備え」を充実させていこうと思っています。

3月　25日

サタルニアのオーバル皿

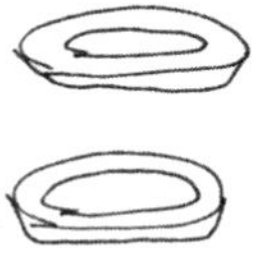

サタルニアの31㎝という結構大きめなオーバル皿を買いました。というのも、以前使っていたフランスの古いオーバル皿をダメにしてしまったから。なんと私、ラップをしたままでオーブンにかけてしまった……！　はっと気づいたときは、ラップが溶けてお皿に焼きついて、どうにもこうにも落とすことができず、泣く泣くさよならしたのでした。

ちょい大きめオーバル皿って、日常で結構使うのです。味わいのある古いオーバル皿がないかなあと思っていたのだけれど、なかなか見つかりません。そこで、古い器にこだわらなくてもいいかと、イタリアのトラットリアなどで使われているというシンプルなサタルニアのお皿をエイッと買ったのでした。リムが広くて立ち上がりもあるので、ソースのある料理も盛り付けることができます。

私は、この「ザ・洋食」という器の佇まいが大好きです。たぶん、28㎝というのが一般的なサイズだと思うのですが、ひとまわり大きい

31㎝を選んだのは、パスタやチキンステーキなどを盛り付けたときに余白があった方がご馳走に見えるから。さらには、青椒肉絲《チンジャオロース》とエビチリなど、中華のおかずを盛り付けて〝大皿的〟にも使いたかったから。

この器を使うなら、まずは王道のハンバーグからでしょう！と昨夜はハンバーグを作りました。実は、わが家では定番のハンバーグというものはほとんど作りません。ピーマンの肉詰めや、キムチハンバーグなど、ちょっとひねったものを作りがちです。

だから、今回は高山なおみさんのレシピ本を見ながら作ってみました。ただし、しいたけのみじん切りを加えるなど、ちょっとアレンジ。2人分で280gのひき肉を使ってビッグサイズを作ろう！と計画しました。

最初は強火で焼き目をつけて、弱火でじわじわと。取り出した後、ワインがなかったので酒、しょうゆ、中濃ソース、ケチャップ、粒マスタードを加えてソースを作って。マッシュポテトを副菜に、オーバル皿にど〜ん！　とってもおいしくできました。

王道のおかずって、「あれっ？　どうやって作るんだっけ？」と作り方を意外と知らなかったりします。このシンプルなおかずこそが、すご～くおいしい、というのも新たな発見でした。

3月29日

あの日のボサノバ

先日車で移動中にラジオでJ-WAVEを聞いていると、小野リサさんの曲が流れ始めました。久しぶりに聞いて、「うわ〜、やっぱりボサノバっていいな」と思いました。

若い頃、ボサノバと呼ばれる音楽を初めて聞いたとき、「へ〜、世の中にはこんなに心地いい曲のジャンルがあるんだ」と夢中になりました。休日にボサノバを流して、ミルクティーを淹れてスコーンを食べる。そんな世界にうっとりしたことを懐かしく思い出します。

でも、カフェブームが訪れてどこの店に行ってもボサノバが流れるのを聞くうちに、「またあ？」という気持ちに……。天邪鬼《あまのじゃく》なワタクシは、「もうボサノバ、飽きた」って思ったのでした。

それからは、違う音楽を聞くようになり、家や車でボサノバを流すことはめったになくなりました。そして月日は流れ、先日改めてボサノバのよさに気づいたというわけです。家に帰って久しぶりに小野リサさんのCDを引っ張り出してきて、今聞いています。

もしかして、ほかにもすでに知っていて、持っているのにすっかり忘れているものがあるかもしれない。さらさらと流れる時間の中で、忘れ去ったことがたくさんある……。

「もっともっと」と新しいことを知ることも楽しいけれど、時間と時間の隙間に落っこちてしまったものを拾い上げるのもいいものだなと思います。

箱で取り寄せているりんごやみかんをストックしておくため、バスケットを購入。

中太りで、首の部分がきゅっと締まっているのが、三浦大根の特徴。煮崩れしにくいのもいいところ。

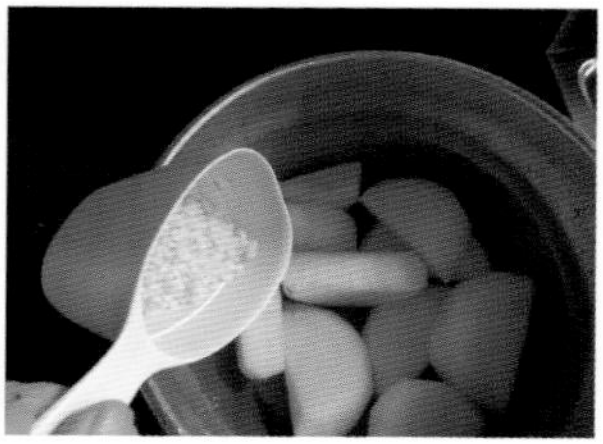

米をひとつかみ加えて下茹でを。ちくわと一緒に炊くと、奥行きのある味わいに。

桃のコンポートを食べ終わった後に、残ったシロップにアガーを加えてゼリー作りを。

お客様を迎える日のランチ。キャロットラペや赤ピーマンのムースは、前日から作っておいたもの。木の折敷は、木工作家・山口和宏さんに作ってもらったもの。

「オールドマンズテーラー」のプリントのストールは、シンプルなシャツやセーターの襟元に。

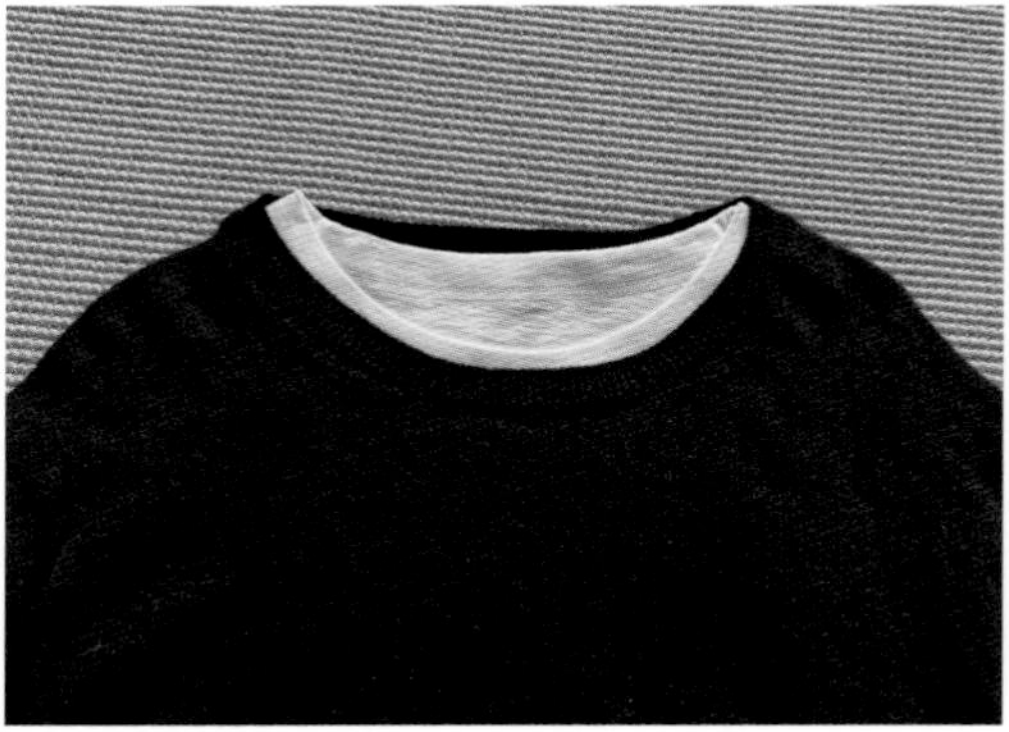

セーターを着るときには、襟元から「パーマネントエイジ」の白いＴシャツをちらりとのぞかせると、顔が明るく見える。

リビングの押し入れは、以前本棚として使っていたが、ポールを手前と奥に取り付けて、クローゼットに改造。上の段がトップス。下の段がボトムス。手前のポールがオンシーズン、奥のポールがオフシーズン。

水垢がたまりやすいステンレスの水切りかごを使うことをやめてみた。代わりに選んだのが、シリコン製の水切りラック。「Latuna（ラチュナ）」のもの。

使わないときにはくるくる巻いてコンパクトに。フックに吊るして水気をからりと乾かして、清潔感をキープ。

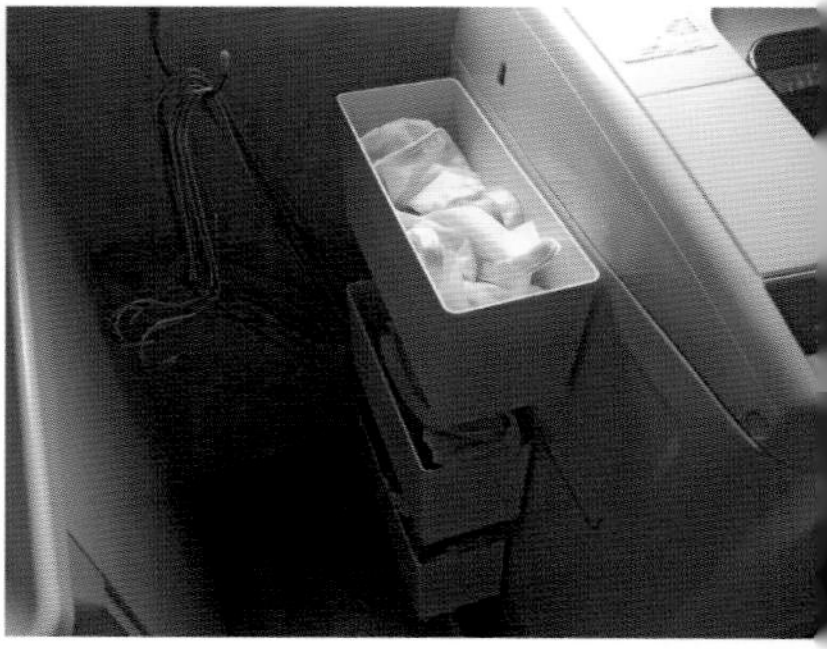

洗濯ネットの大、中、小がわかりやすいように、洗濯機の横にマグネット付きのボックスを取り付けて分類収納。

左上はヤマブキの葉と実、右上はクリスマスローズとローズマリーの枝、下はヤマブキの花とクリスマスローズの葉。玄関に飾るのは、四季折々に庭にあるもので。ガラスの花器は、透明感があって、草花を美しく見せてくれる。

年末に買い足したスイスのブランド「On」のスニーカー。驚くほど軽く、独自のクッション構造で疲れにくい。ボトムスはネイビーやグレーなど濃い色が多いので、足元が白だとコーディネートが軽やかになる。

友人の山小屋を訪ねた日。コーヒーを淹れてくれたので、手土産で持っていった「シヅカ洋菓子店」のクッキーと共に庭でコーヒーブレイクを。静かに自然と向き合う豊かなひととき。

旅に出た日、到着後に化粧ポーチを持っていくのを忘れたことに気づいた。
家に帰ると、ミニボトルに基礎化粧品を詰め替えた状態できちんと机の上に。

iPad を持ち歩くため書類用ビニールケースを購入。たまたまぴったりサイズ。

夫が貯めたカードのポイントで、都内のホテルへ。東京の街並みを眺めながら原稿執筆。

杖をつくので、日傘がさせなくなった母のために、私が以前買ったストローハットをプレゼント。帽子をかぶって歩く両親の姿が、案外決まっていて笑ってしまう。

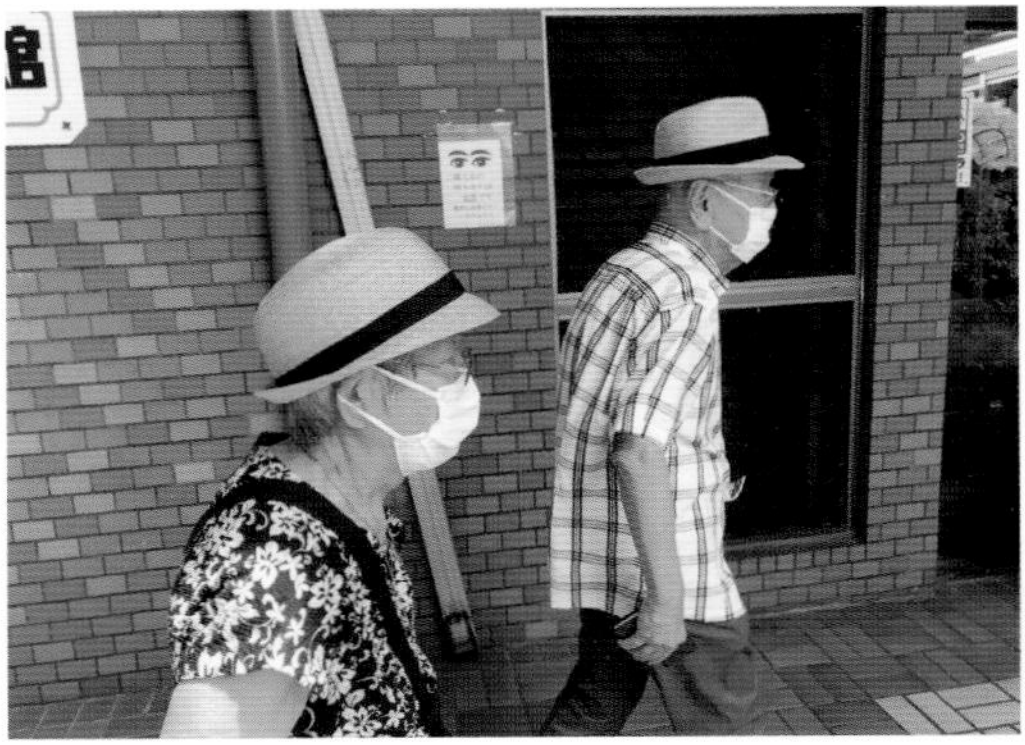

母が食事の用意をし、父がソファで新聞を読む。いつも変わらぬ実家のお正月の風景。

郵便局に行って、気に入った切手を見つけると買っておく。１枚ずつカットしてケースへ。

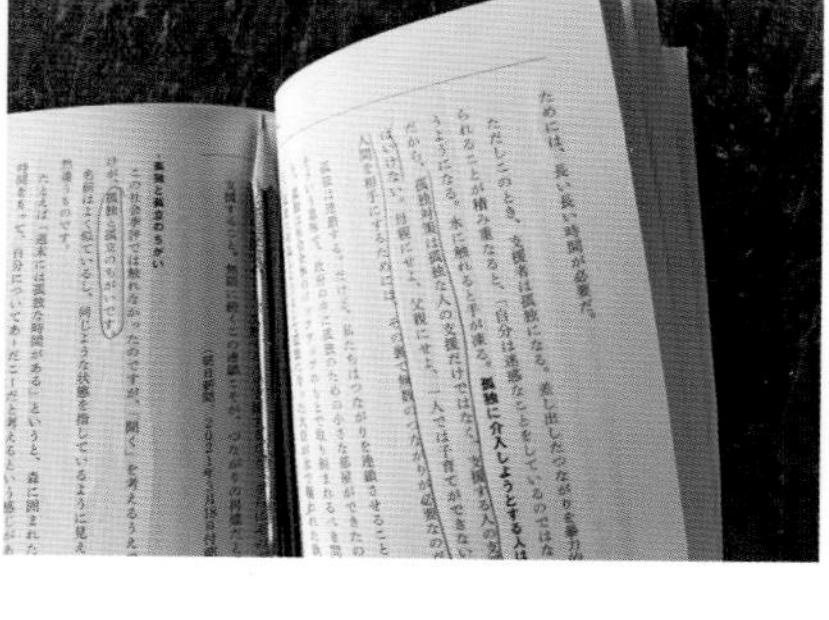

永久保存版、と思える本は、鉛筆を持ちながら読む。心に響いた言葉に、線を引きながら読み進めて。

わが家の廊下から見上げる青空。いいお天気なだけで幸せ。

小さな光を探して

4～6月

4月 4日

仕事と家事をサンドイッチに

冬の間、姿を消し去っていた大好きな山芍薬《やましゃくやく》が、今年も芽吹きました。よ〜く見ると、小さな蕾はふたつ。植えた年は咲かなくて、翌年1輪だけが咲き、次の年には2輪。去年は3輪。さあ、今年は何輪咲いてくれるかなあ。毎年1回だけのお楽しみです。

今、『暮らしのおへそ』別冊の執筆が佳境です。どこにも行かず、ただただ書斎に籠《こ》もって書き続けます。

この時期の唯一の気分転換が家事。家にずっといるので、午後3時ぐらいから、今日の夜ご飯は何にしようかと考え始めます。バタバタと動き回っている時期は、作り慣れたものしか作らないけれど、気分転換だからこそ、ちょっと違うものを作ってみようかなあと。

2日前に塩豚を仕込んだので、昨日は久しぶりにポトフを作りました。原稿を書きながら、という日には煮込み料理がぴったりです。

水8カップぐらいを鍋に入れて、酒少々、黒こしょう、ローリエを入れ、豚バラ塊《かたまり》肉に塩をすり込んで2日間ほどおいた塩豚を、塊のまま入れてコトコトと20分ほど煮ます。ここにじゃがいも、玉ねぎ、かぶ、にんじんなどを入れてまた20分ほど煮込むだけ。

塩豚を入れたら執筆に戻り、20分たったら野菜を入れて、また原稿に戻り……。ただし、ここで絶対に必要なのは、パソコンの横まで夕イマーを持ってきておくこと！　書くことに集中すると、つい鍋を火にかけていることを忘れ、今まで何度もせっかくの煮込みを悲惨な黒こげにしてしまったので。

本当はマスタードを添えて食べるのですが、ちょうど切らしていたので、からしを添えていただきました。シンプルなのにとってもおいしい。今日はまだスープがたっぷりあるので、これに春キャベツを入れて食べようと思っています。

仕事中にちょっとキッチンに立って、また書斎へ。その間においしいポトフができる。飽き性の私には、家事と仕事をサンドイッチにした、このリズムがちょうどいいのです。

4月18日

「できること」は人と違っていい

大阪の阪急うめだ本店で『大人になったら、着たい服』のイベントがあるため、ひと足早く関西入りし、実家に戻っています。

3か月ぶりに帰ると、母は外ではもちろん、家の中でも杖を使うようになっていました。これだと体がずいぶんラクなのだとか。90歳の父は、なにもしない昭和の男だったのに、朝ゴミを捨てに行ったり、洗濯物を干したりと、ずいぶん母を手伝うようになっていました。

この父、頑固ではあるけれど、とてもジェントルマンらしいところもあるのです。外に出かけてお茶を飲み、帰るときには腕が不自由な母にちゃんとコートを着せてあげます。昭和な男は恥ずかしがりなはずなのに、こんなところだけ欧米人のようです（笑）。

さて。実家に帰ると、私は母が普段やりたいのにできないことを手伝います。たとえば、手の届かない場所の拭き掃除などなど。

「わあ、こんなに汚れてたんだね〜」（私）

「前は1週間に1度拭いてたのに、この頃拭けなくなって」（母）

「え〜、1週間に1回！　うちなんて1年に1回だよ（笑）」（私）

こんな会話をしながら、20歳で結婚し、80歳になるまで60年間も、母は専業主婦として家の中の仕事を続けてきたのだなあと改めて実感しました。私が、取材に飛び回っているときに、母は部屋のあちこちを拭いていた。網戸をいつもピカピカに保てるように、ちゃんとローテーションを考えて作業を暮らしの中に組み込んでいたのでした。

ホコリがたまっていても気にせず、仕事に出かける私。外で働いたことはなく、家中をピカピカにする母。親子でも、大事にしたいことはこんなに違う。それでも、私たちは話がとても合い、互いに「よ〜がんばってるやん」と励まし合います。

母みたいに家中をきれいにすることは私にはできないし、母は、私のように外を飛び回って仕事をすることはできない。「できない」こと、「できること」は、人それぞれ違っていいのよね。そんな当たり前のことを改めて思ったのでした。

だから、私は私のできることをこれからもコツコツとやっていこう。母が、コツコツと家の中のことを60年間も続けたように。

4月 21日

ポジティブって、同じ道の光の当たる方を歩くこと

イベントで大阪のホテルに泊まっています。昨日が初日で、朝からたくさんのお客様が来てくださいました。

声をかけてくださる方が多くて、そんな中で偶然にも「ポジティブパワー」ってすごいなあと思えたお話をお聞きしました。

一人は大学の後輩。彼女は、某企業のとてもエライ人になっていました。人事などを担当。ネガティブな私はこんなふうに聞きました。

「人事ってさあ、ここにいる人より、あそこにいる人の方が適任かも、って取り替える仕事だよね？　もともといた人に、そのことを伝えるって大変じゃない？」

すると彼女はこう答えたのでした。

「あなたは、ここじゃない方が、もっと輝けるんじゃない？って伝えるんです」

なるほど～と思いました。会社側の都合での「ここからあっち」ではなく、当事者にとっても、よりよい「ここからあっち」。もし、そ

れが降格だったとしても、あなたが輝ける方がいい、ってことなんだなって。

彼女自身が、世の中の評価に左右されず、ポジティブな目で、仕事全体を見ているからこそ、上下や優劣ではなく、「あっちの方が輝けるんじゃない？」と言えるんだなあと思いました。

もう一人は去年も来てくださり、1年ぶりにお会いした方。私より少し先輩です。最近お母様が入院されたそう。大変なんだけれど、ちゃんと自分で立っていられるように、お習字、ピラティス、英語の勉強など、自分のための時間をとっていらっしゃるのだとか。

私も去年プチ介護をしたので、家族に病人がいるとき、自分がどんどんそちらに引き込まれて疲れ切ってしまう……ということがよくわかります。そして、心配はするけれど、自分のすべてを飲み込まれてしまってはダメだということも……。

その方は、ちゃんとご自身の人生とポジティブに向き合っていらっしゃいました。
「だって、残りの時間の方が少ないんだもん、自分のために生きなくちゃね！」と。

自分の心の持ち方で、一日ってこんなに変わるのだということを、教えていただいた気がしました。

ここ最近、ポジティブパワーって、同じ道の光の当たる方を歩くことなんだ！とわかってきました。まさに、サニー・サイド・オブ・ザ・ストリートです。

ポジティブな目を持てば、光の当たっているところが見えるようになる。そこを、ピョンピョンと渡り歩いていけば、自分を自分でワクワクさせてあげることができるのかも。

怖がらないで、明るい方へ、楽しそうな方へ、足を進めていきたいと思います。

4月22日

ホテルでの「おへそ」づくり

大阪のホテル生活4日目。出張の際、ホテルに入るとまず加湿器を借ります。ホテルの部屋はすご〜く乾燥しているので。

なるべく自宅に近い過ごし方をしたいと思い、あれこれ準備しました。まず、朝食はいつもフルーツしか食べないので、ホテルは朝食なしプランを選択。チェックイン前に、スーパーで果物をしこたま買って、毎朝フルーツを食べます。いちごもパックで買っておき、ヨーグルトと共に。

実は、いざ食べようと思ったら、スプーンがないことに気づき、フロントに電話をしてお借りしました。そうしたら、めっちゃ立派なシルバーのディナースプーンがやってきた！（笑）

自宅にいるときと同じように、毎日5時半ぐらいに起き、いつものストレッチ&筋トレを。百貨店がオープンするまでの時間、サイトの記事をアップしたり、原稿を書いたり。原稿を書きながらお茶を飲むので、ティーバッグも好きなものをたくさん持ってきました。マリアージュフレールの「カサブランカ」というミントフレーバーの緑茶と、ティーポンドの「プリンセスライチ」というライチティーです。

イベントの出展者さんの中には、キッチン付きのホテルを借りて近くの豆腐屋さんや八百屋さんに買い物に行き、ご飯を炊いて、自炊をされている方も。夜は銭湯に行くと疲れが吹き飛ぶのだとか。「すご～い！」と、昨日はそのお話を聞かせてもらいながら盛り上がりました。

人が、「どうやったら心地よく暮らし、自分の体調を整えられるか」を考えて、あれこれ試行錯誤しているお話って、本当に面白い。自分がどんな時間を過ごしたら元気になれるかは、人それぞれで、みんな違います。

「私は野菜不足になると調子が悪くなる」とか「お風呂にゆっくりつからないと疲れがとれない」など、自分を分析するには、ちゃんと自分を観察しないといけないし、「〇〇したら〇〇する」という方程式を導き出さないといけません。そして、原因と結果をちゃんと結びつけるシステムをつくる。これって、出張先での〝おへそ＝習慣〟づくりだなあと思います。

4月26日

正しい人より、かわいい人になる

先日、仕事仲間から「一田さんって、〇〇だよね。もう少し〇〇した方がいいと思う」と注意を受けました。

この年齢になってダメ出しをされることはあまりないので、ちょっとびっくりしたけれど、指摘してもらったことは、なるほどその通り！と思ったので、「そうだよね。気をつけよう」って答えました。

それで納得したはずだったのですが……。そのことが、何をしていても気になるのです。喉に刺さった魚の骨みたいにちくちくと。

夜ウォーキングに行って街を歩きながら、どうして、こんなにちくちくするのだろう？と考えてみました。

すると、「そうだよね〜」って納得した顔になっている裏では、「私だって頑張ったのに」「ちょっとぐらい、いいじゃん」って思ってるんだ、とわかりました。いや〜、いけませんね。正しい指摘をしてもらって、自分でも納得しているのに、心がついていきません。

その数日後、年上の先輩女性とお茶を飲みながらお話ししました。

その方は、今の年齢になって、「今が一番自由で解放されているの」

とニコニコ語ってくれました。

「どうしたらラクになれるんですか？」と聞いてみると、「あのね、かわいくいること」と一言。

なんと！　かわいくいる！

彼女は、なんでも自分でやらなくちゃとずっと頑張ってきたけれど、最近、自分ができないことは「おねが〜い」と誰かに託し、やってくれたら「すご〜い！」って素直に喜べるようになったそう。

これって、よく聞くことだけれど、なかなかできないのです。それができるようになったきっかけが、夫に相談したときに言われた「もっとかわいくなればいいんだよ」という一言だったのだとか。

そっか……立派な人ではなく、間違わない人でもなく、正しい人でもなく、しっかりものでもなく、かわいい人になる。

でも、かわいいって、いったい何？　かわいいの中身を、これから考えてみようと思います。

5月 6日

サンドイッチを作って公園へ

昨日、約束が変更になり、ぽっこり時間が生まれたので、サンドイッチを作って、自転車で30分ほどの公園に行ってきました。こんなことは一年に1~2度しかないことです。

昼前から、夫とキッチンに立ち、それぞれが1種類ずつサンドイッチの具を担当。私は王道の、ゆで卵をつぶしてマヨネーズで和えたものと、カリカリに焼いたベーコンをはさんで。夫は、卵焼き風なものを作り、前日の残りのハンバーグをはさんで。

作りながら「絶対、暑いよ」「混んでて、座るとことかないかもしれないよ」と後ろ向きなことばかり言う夫にぶちきれ、「だったらもう、家でこのサンドイッチ食べたらいいやん！」と大げんか。それでも、なぜか黙々と準備をすすめ、出かけたのでした（苦笑）。

いや～、緑の中で食べるって、気持ちのいいものですね。さっきまでの言い合いなんて忘れて、「うまいの～」と食べました。そして、思ったのでした。「これ、世界で最高のサンドイッチやん！」って。

そっか、「最高」って自分で決めればいいんだ！ 当たり前のことですが、公園で風に吹かれながらの、なんだか大きな発見でした。

きっと、私たちが作ったサンドイッチよりおいしいサンドイッチはいっぱいあるはず。でも、「これが最高！」って自分で決めちゃえば、「これが最高」になるってことです。あれより劣るし、それよりかっこ悪いし……と、自分で80点、60点と点数を下げるのではなく、「これが100点じゃ〜っ！」って言っちゃえば、100点の味がします。

サンドイッチと一緒に持っていったのは、前の日の残り物のパプリカのマリネ。真っ黒になるまで皮を焼いてむき、オリーブオイルと酢、砂糖、塩でマリネ液を作って漬け込んだものです。サンドイッチって、間にちょっと箸休めがあると、ぐんとおいしくなる気がします。

紅茶を飲みながら食べて、清見《きよみ》オレンジを食べて、最後は柏餅《かしわもち》で締めました。食べ終わったら、本を読んだり、昼寝をしたり。2時間ほど過ごして、また自転車で帰ってきただけ。

私のゴールデンウィークのレジャーはこれだけですが、とってもいい時間だったなあと思います。

5月20日

「後まわし」ができるようになった！

朝、ウォーキングに行ったら、空気がモイスティーで、ミストサウナの中に入っているよう。歩いているだけで、お肌がしっとりしてくるような錯覚に陥りました。「じとじと」とか「ベタベタ」と言ったら不快な感じがしますが、「モイスティー」と言うと、なんだかいいことが起きそうな気がします。

最近、わが家のキッチンはピカピカです。夕飯の後の食器洗いは夫の役目なのですが、シンクまわりや排水口まではきれいにしてくれません。それで、食後寝転がってテレビを見ていた私は、夫の食器洗いが終わったら、えいやっと気合いを入れて起き上がり、キッチンまわりを掃除しないといけない……。当然、そのまま寝てしまったり、面倒くさくて「あ〜、今日はパス！」となる日が多かったのです。

ある朝、キッチンでお湯を沸かしている間、昨日パスしたシンクまわりの掃除をチャチャッとやってみたら、お、意外と面倒くさくないじゃん！ということを発見。朝の起きたての頭や心って、疲れていないから「面倒くささ」も感じにくいのかもしれません。気持ちよく朝を迎えるためには夜やらなくちゃ、って思っていたけれど、後まわしにして、朝にやったっていいんだ、と思ったというわけです。

歳を重ねて、少しずつできるようになったことのひとつに、この「後まわし」があります。

たとえば、私は午前中にギュッと集中して原稿を書くようにしていますが、以前なら、仕上がらなかったら午後もずっと書き続けておりました。でも、だんだん効率が落ちてきて、午後は明らかにはかどりません。

だったら、原稿の続きは明日にして、午後からはもう少し軽めの資料の整理だったり、写真選びだったり、そんな仕事をやればいい。

体と心が回復した未来の自分へバトンタッチする。「後まわし」って、なかなかいいことだなあと思うこの頃です。

6月　1日

ちょっと心に水やりを

仕事が立て込んでいないときの夕食後のお楽しみは、映画を観ること。私は普段あまり映画を見る方ではないので、「今さらそれ？」と言われるような名作も、見ていないことが多いのです。

見るときは、どこかで誰かがおすすめしていたものを見ます。そうすると、ハズレが少ない。ということで、ラジオや雑誌で「絶対見るべき！」と言われたものをチョイス。Amazonプライム・ビデオだと、100円からレンタルができます。

最近見た中でよかった映画をいくつか。

ひとつめが、「小説家を見つけたら」。ニューヨークの下町で、黒人の少年ジャマールが、いつもバスケットボールをしているコートの横にあるアパートメントの最上階に住む、頑固頭の小説家フォレスターのもとに通い、文章の書き方を教えてもらう——という物語です。

はっきりとした台詞《せりふ》は覚えていないのですが、タイプを打ちながら、ショーン・コネリー演じる小説家が、「文章は考えて書いたらだめだ。第一稿はハートで書く。リライトには頭を使う」とジャマールに教えていて、なるほど！と思いました。

最初は溢れる思いをハートで書く……。つい、締切とか無難にまとめることとかを考えがちだけれど、それではいい文章が書けない。

この映画、とにかくシーンが美しいのです。フォレスターが住むアパートメントの部屋がすばらしい。本が積み上げられ、窓はピカピカに磨かれ、体を包み込むソファがあって。

そして、最後の方で、めったに外に出ないフォレスターが、自転車でジャマールの学校に駆けつけるシーンがあります。そのときの、ショーン・コネリーの自転車をこぐ姿のかっこいいこと！　内容とはまったく関係ないけれど、こんなにかっこよく自転車に乗れるんだ、と惚れ惚れしました。

ふたつめは、「エール！」。父も母も弟も全員耳が聞こえない家庭で、ひとりだけ聞こえるという高校生ポーラの物語。歌が上手で、パリの音楽学校のオーディションを受けるため、家族に内緒でレッスンに通います。でも、家族は彼女の歌声を聞くことができない……。

最後のオーディションシーンで、手話を交えて歌うポーラの姿に泣きました。

3つめは、これはとても有名だと思いますが「いまを生きる」。全寮制の学校に赴任してきた、ロビン・ウィリアムズ演じる英語の教師ジョン・キーティングが、ことなかれ主義で、いい成績さえとればいい、という校風の中で育った生徒たちに、詩のすばらしさ、生きることの意味について教えます。

あるときは、机の上に立ち、みんなに「立ってみろ！」とすすめます。いつもと違う視点に立ったとき、何が見えるか。このシーンは、キーティング先生が追放される際の感動のフィナーレにつながっています。

この中で、演劇に魅せられて、親に逆らいどんどんそちらの道に傾いていく生徒ニールを演じるロバート・ショーン・レナードがめちゃくちゃかわいい。

そして、これは映画ではないのですが、NHKのドラマとドキュメンタリーを織り交ぜたシリーズもので（こちらもAmazonプライム・ビデオで見られます）、「京都人の密《ひそ》かな愉《たの》しみ」。以前取材をさせていただいた銀粉蝶《ぎんぷんちょう》さんが出演されていたのを機に見始めて、かつて放送されたものをたどって4回目までを制覇しました。

そして、3日前にその5回目がやっと放送されました。なんとこれで最終回なのだとか。もっと続いてほしかったなあ。この番組は、ドラマと現実の京都の文化の紹介が2層仕立てになっているのがおもしろいところ。

大原の里山で京野菜を作る人
石窯でパンを焼く人
陶芸を学ぶ人
料亭で働く人
庭師

若者たちの姿を追いながら、京都の四季が移り変わり、京都人が何を美しいと思うか——そんなあれこれが、さらさらと流れるように描かれます。

いい映画やテレビ番組を見ると、本当にひたひたと心が満たされます。「あっち」の世界と、現実の間を上手に行き来しながら、ときにはおいしい水をごくごく飲んで自分を潤《うるお》したい。そう思いながら余韻に浸っています。

6月 5日

新しい家事の大きな変化

東京は久しぶりの晴天。朝から張り切ってシーツを洗い、布団を干しました。夜、「は〜、疲れた！」とベッドに入るとお日様の匂い。それだけでとびきり幸せな気分になります。

以前、洗濯ブラザーズさんに取材したときに教えていただいた洗濯方法のひとつに、「プレウォッシュ」というものがあります。白シャツの襟や袖口、白いパンツの裾などは、普通に洗濯するだけでは汚れが落ちません。そんなとき有効なのが、洗濯前の「プレウォッシュ」。

小さなスプレーボトルに、洗剤1対水1の割合で入れて、プレウォッシュ液を作っておきます。これを汚れた部分にシュシュッとかけて15分おきます。そして洗濯機で洗濯すればOK。

試しに、雨の日にはいて裾が黒くなってしまっていた白いパンツにシュシュッとふりかけて洗ってみました。するとびっくり！　汚れがきれいに落ちました。それ以来、白シャツの襟にも必ずシュッ。プレウォッシュ液は、1週間で使い切った方がいい、ということなので、私はいつも少しだけ作って2〜3回で使い切るようにしています。

そして、洗濯といえばもうひとつ、スーツ発祥の地であるイギリスのシャツのアイロンのかけ方も、なるほど〜という方法で、取り入れています。

アイロンをかける前の乾いたシャツを、ハンガーにかけたまま、霧を吹いてしばらくおいてから、スチームアイロンをかけます。シワとシワの間に十分に水分を与えてから、プレスするというわけ。

するとびっくりするぐらいピシッときれいになります。肩の付け根とか、袖口とか、かけづらくて「ま、いいか、だいたいできれば」とあきらめていた部分もぴ〜んと伸びて、アイロンの腕が上がったような気持ちに。かけ終わったら、ハンガーにかけて風を通し、完全に乾かしてからしまうことも大事です。

白シャツの襟にシュシュッとプレウォッシュ液をかけることも、アイロンの前に霧を吹くことも、大したことではありません。人にはわからない、自分だけのちょっとした変化。それを味わい、ワクワクすることこそ、暮らしのお楽しみだなあと思います。

6月 9日

梅仕事と衣替え

今年は早めに梅シロップを漬けました。去年はまったく漬けなかったので久しぶり。えっと、どうだったっけ？と思い出しながら、なり口の軸を取ったり、梅を凍らせたり。

本来は、じっくりエキスを取り出す方がまろやかな味になるそうですが、私は、すぐにできた方が安心なので、梅を一旦凍らせてから仕込みます。これだと、砂糖が溶けなかったり、途中で発酵してしまったり、という失敗が少ないように思います。

梅シロップっておいしいですよね。今日のように梅雨寒《つゆざむ》の日には、お湯で割って飲んでもいい。炭酸で割れば、さわやかだし、ゼリーにするのも楽しみ！　できあがるのが待ち遠しいです。

さて。梅雨といえば、衣替《ころもが》え。中学・高校生の頃、夏服に替わるのは6月1日でした。

梅雨入りする少し前に、セーター類はすべて洗っておいたものの、ずっとそのまま放りっぱなしでした。梅雨入りした、と聞いて慌てて衣類カバーを購入。本来は1枚ずつかけるものですが、私は10枚ぐらいにまとめてかけちゃいます。わが家は古い一軒家なので、これをしておかないとすぐに虫さんの餌食《えじき》になってしまうので。高いカシミアから先に食われちゃうんですよね。

少し前まで、シャツと薄手のセーターがまじり合っていたのですが、ようやく、クローゼット（といっても押し入れです）が、春夏仕様になりました。

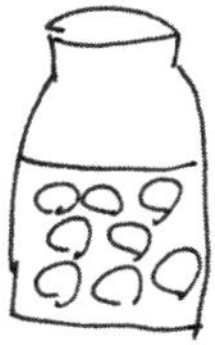

6月16日

買い物で暮らしに風を通す

梅雨本番です。毎日傘が手放せない季節になりました。

こんなとき、「モンベル」の折りたたみ傘を知っていて、よかったなあとつくづく思います。今までは、折りたたみ傘をバッグに入れて出かけるのが苦痛だったけれど、これは驚くほど軽いので、バッグに入れたかどうかも忘れるほど。

私は、よっぽどの大雨でない限り、折りたたみ傘で出かけます。というのも、都心では「電車に乗る」「打ち合わせをする」「地下街を歩く」など、傘をたたんで歩くことの方が多いので、スーパーの「紀ノ国屋」のスライドジッパーバッグ（横長でサイズがピッタリ！）とセットで持ち歩けば、雨に濡れた傘も安心してバッグに入れることができます。

先日、「野田《のだ》琺瑯《ほうろう》」の密閉容器のフタを全取り替えしました。フタって、どんどん汚れるんですよね。カレーを入れるときには容器にラップをしてからフタをかぶせる、と決めたのに、カレー粉を使った炒め物やマリネを保存するときにうっかり忘れて、黄色い色がつき、あちゃちゃ……と思いながら、長い間使い続けてきました。

相当汚くなったので、この辺りでもういいかな、と新調することに。タオルや下着などもそうですが、同じものがたくさんあるときには、「せ〜の」で全部を新しくするようにしています。そうしないと、古いものと新しいものが混在し、やがて使い続けているうちに、どれが新しかったのか、わからなくなってしまうから。

さらには、「せ〜の」ですべてが新しくなると、たったフタだけのことなのに、キッチンに立つたびに、新しい暮らしが始まったような清々しさや、ワクワクを味わえるから。たとえ本体はところどころ琺瑯がはげていても、フタが新しくなると、なんとも気持ちがいいものです。

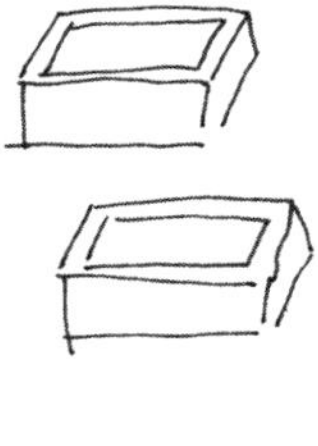

6月 17日

アイブロウペンシルはこれじゃなくちゃ！

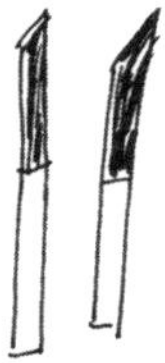

最近、「シュウ ウエムラ」の新しいアイブロウペンシルを買いました。このペンシルは以前から使っているのですが、少し茶色がかっていたものを、もう少しグレー寄りの1本に。

美しく削られたペンシルを使うと、眉が本当に描きやすい。私は、眉の下と眉尻のラインだけをペンシルで描き、そのほかは、パウダーで描き足すのですが、そのラインがスーッと細くきれいな線で描けて大満足。私のようなメイクが苦手な人でも、新品のペンシルを使うと、いつもよりきれいな形に描けるような気がするから不思議です。

いい道具を使うと、いい仕上がりになる。だから、道具って大事だなあと思います。自分のスキルを磨くことは、時間がかかるし、なかなかハードだけれど、いい道具を手に入れることはすぐにできます。

私の日々の取材はノートとボールペンが基本です。どんなにパソコンやiPadが主流になっても、それは変わりません。だから、私にとってボールペン選びはとても大事。

いつもパイロットの極太を使っています。私は筆圧が強いのですが、この太いペンならサラサラ書けて、書き心地もやわらかい。すぐにインクがなくなってしまうので、替え芯を箱買いしています。

キッチンで一番よく使う道具は、木のスプーンです。小野セツローさんが作られたもの。手で削り出した、なんともいえない有機的な形で、かわいらしい。

セツローさんが亡くなられて、もう手に入らないから、使わないで置いておこうかな……とも考えたのですが、毎日のご飯作りに使ってこそ、セツローさんが喜んでくださるはずとガシガシ使っています。

毎日一人分のスープを作るとき、最初にベーコンを炒めるときも使うし、夕飯作りでは、醤油麴をびんから取り出すときも、ごまあえを作るときにも。ふと気づくとこればかり使っています。

こうして暮らしの一部になった相棒たちを持っているって幸せだなあと思います。

6月20日

一周回って父と向き合う日

昨日は父の日でした。私はいつも、似顔絵を描いてファックスを送るようにしています。母の日に送ったものと合わせて2枚を、自分の書斎にも貼ってみました。こうして送る相手がいるということが、ありがたいなあと思います。

思い返せば、若い頃は父が大嫌いでした。「人から褒められる人に」「人に評価される人に」なりなさい、というのが口癖でした。そんな権威主義の中から抜け出したくて、私は、正反対の人と結婚したのでした。

それでも、やっぱり失敗してリコン。ああ、父になんて言おう……。きっとあれこれまた責められる……といやいやながら電話をすると、「よ〜、がんばれよ〜」と、あえてのんびり、間の抜けたような声で一言。それを聞いて、私は受話器を持ちながら号泣したのでした。

その後、父のモーレツサラリーマン時代の話に耳を傾けるようになりました。高度経済成長期まっ只中を駆け抜けた話は、まるでかつてNHKで放送されていたドキュメンタリー番組「プロジェクトX」のよう。やっと私は「父」としてではなく、一人の人として父を尊敬できるようになりました。

今では、実家に帰ると「もう、その話10回ぐらい聞いたよ～」という話ばかりですが、ご機嫌に話をしてくれたらそれでOK！と思っています。

6月23日

「わからない」方へ進む方が断然楽しい

昨晩、出張から戻りました。毎回、行く前は、取材がうまくいくかしら?とか、レンタカーで初めての道、大丈夫かな?とか、いろいろ心配になります。そして、行きたくないなあ〜と、どよ〜んとした気持ちになったりします。気が小さい私は、「わからないこと」をやることが苦手です。

でも、取材が始まってみると、もう夢中。「へ〜!」と取材先の方のお話に聞き入り、ご自宅での様子に目が釘付けになり、「なるほど〜」「そっか〜!」と感動することばかり。どんどんワクワクのスイッチが入って、いろいろな新しい発見に心が満タンになって、「あ〜、楽しかった」と帰路につくことになります。

そして、毎回思います。「先が見えないこと」「わからないこと」「予測がつかないこと」って、苦しいけど楽しいのだな、って。

たぶん「予測がつく範囲」では、何も発見できないし、心が揺さぶられることもないのだと思います。「わからない」からこそ、思いもかけない言葉や、風景や、モノとの出会いに、「なるほど!」と扉を開ける喜びを感じられる。

もし目の前に、「なんとなくわかること」と「わからないこと」という道があれば、「わからない」方へ進む方が断然楽しい。

それは、取材や仕事だけでなく、家事にも言えること。使ったことがない掃除用ブラシを使ってみることで、「なるほど、こんなふうに黒ずみが落ちるのね」とわかるし、やったことがない時間割で一日を始めてみれば、「なるほど、こんな順番でやると、気がラクになるんだ」と発見したりします。

もしかしたら、その掃除用ブラシは、全然役に立たないかもしれないし、その時間割は、すごく効率が悪いかもしれない。でも、たとえ結果が「バツ」でも、「そっか、こういうブラシは使いにくいのね」とか「この順番はラクだけど、時間がかかる」とわかったりします。

そんなプロセスこそが、自分を育ててくれるのだと思います。

6月 28日

「くさい言葉」の中にある真実に正直に

朝のウォーキングに出かけると、自分の足取りでその日の体調がわかるようになってきました。ふといい香りがして、クンクンと鼻をならしながらあたりを見渡したら、見つけました！ もうクチナシの花が咲いているのですね。

最近のウォーキングのお供は、平《ひら》井《い》大《だい》さん。明るくポジティブな歌詞が、一日の始まりにぴったりです。

「題名のない今日」という曲の、「なにげない日常に花束を　なにげない景色に額縁を」という歌詞を聞いたとき、なんて素敵なんだろう！と感動しました。何度も聞くうちに、今度はもうひとつ、こんなフレーズが気になりました。

「例えばポケットにクッキーを見つけたら
それをバレないようにこっそり食べてしまうより
みんなと分け合って笑っていれるような
そんな人がヒーローって呼ばれる世界の方がいい」

以前の私だったら、「いや〜、クサイ歌詞だなあ〜」と思っていたかも（平井大さん、ごめんなさい！）。当たり前の真実って、言葉にしたとたん、なんだか恥ずかしくなってしまいます。

でも、最近この通りだなあって思うのです。私は、フリーライターなので、何かいい情報を得ると「よ〜し、私が取材してやる〜！」みたいに思って、そのことを誰にも教えず、こっそり自分で持っていました。たとえば、誰かが引っ越して素敵な家に住んでいるらしいとか、あの店には素敵なものがあるらしいとか、あの人がおもしろそうとか。

でも、私のまわりで楽しそうに笑っている人たちは、誰もが、自分が見つけたいいものを、誰かに手渡すことがとても上手です。

「ねえねえ、イチダさん、こないだ京都に行ったんだけど、あそこのお店がすごくよくて」とか、

「ねえねえ、イチダさん、こないだ会った人がすごくおもしろくて、ぜひ一田さんに紹介したくて」とか、

「ねえねえ、イチダさん、お金の管理に困ってるって言ってましたよね。このソフトがすごくいいんですよ」とか。

惜しげもなく、自分の手にあるものを渡してくれる。すると、私はその人への感謝をずっと心に持ち続け、いつかお返しをしたいと思うようになります。そして、あるとき「あ、これあの人に教えてあげよう！」というものが見つかって、それをメールするだけでワクワクする。そんなやりとりの中で、どんどんいい流れというか、いい渦が生まれて、みんなでいい方向へ向かっていくのです。

そこで最近は、いいものを見つけたり知ったりしたら、握りしめるより前に、トスをする感覚で、誰かにハイッとお渡ししようと思っています。

いいものを人に渡すと、抱え込んでいたときの、ずど〜んと重い感覚がなくなって、どんどん身軽になっていく感じがします。

「私だけ」ではなく、「みんなで」ハッピーになった方が、ずっと楽しい。そんな循環の中で過ごしていけたらいいなあと思います。

6月30日

花の名前をひとつ知る

朝、外に出ると、す～っと涼やかな風が肌に触れました。酷暑の後は、ほんの少し気温が下がるだけで、ずいぶん涼しいと感じます。

いつも歩く道で、とってもかわいいちっちゃな花を見つけ、何かなあと画像検索してみたら「ヘクソカズラ」でした。この時期よく見かけるオレンジ色の花は「ノウゼンカズラ」。

花の名前を覚えると、来年再会したときに「おお～、今年も咲いたのね！」と気づくことができます。名前がないと、日常の後ろを流れる単なる「背景」にすぎないのに、名前を知ったとたん、その存在が自分のものになる。これって、花の名前だけではなく、いろいろなことに言えますね。

後日、このヘクソカズラは、実はとてもやっかいだという話を聞きました。どんどん伸びて絡まって、刈り取ったら独特の匂いがするそう。そっか、だからこの名前なのね、と納得。「知る」にもいろいろな角度があって、その奥にはまだまだ「知らないこと」が続いている……。「知ったつもり」にならないことが大事だなあと思います。

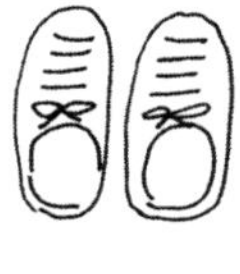

発見と工夫の日々

7〜9月

7月 14日

携帯用歯ブラシ見つけた！

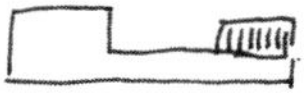

『暮らしのおへそ』の人気企画に、「バッグの中身、見せてください」というページがあります。先日の取材で、バッグの中身を超軽量化されている方がいらして、すっかり影響されて、私も持ち物を見直してみました。以前から化粧ポーチなどを軽いものに取り替えていたのですが、さらにもっとコンパクトにならないかと挑戦です。

まずは、ミニサイズのティッシュと、1枚ずつパッケージされているアルコールティッシュを発見。特にアルコールティッシュは、今まで32枚入りのものを持ち歩いていたので、かなり軽量化になりました。

ポーチも小さなものに替えようとしたのですが、ネックとなるのが歯ブラシでした。外で食事をした後に、取材や打ち合わせ、というときに、やはり歯磨きは欠かせません。

今まで、折りたたみ式の携帯用歯ブラシは使いにくいからと、ずっと家で使っているのと同じ歯ブラシを「無印良品」のケースに入れて持ち歩いていました。ケースは風通しがよく、洗えるし、気に入っていたのですが、この長さでは小さなポーチに入りません。そこで、改めて「折りたたみでもよしとする」と条件を変えて探してみました。

そうして見つけたのが、MISOKA（ミソカ）というブランドの「TRAVEL TOOTHBRUSH」です。

少々お高いのですが、トラベル用の携帯歯ブラシで、あれこれ探した結果、どうしても色やデザインが気に入るものがなく、迷いに迷って、やっとポチりました。かなり小さいです。

この歯ブラシを見つけたおかげで、やっとポーチも「モンベル」のU．L．ポーチのひとまわり小さなサイズに買い替えました。

ほんの少しの差ですが、かばんの中に入れるとかなりボリューム感が違います。今ポーチの中に入れているのは、次のもの。

アルコールのウェットティッシュ
歯ブラシ
虫除けスプレー（私は誰よりも先に蚊に刺されるので欠かせません）
「SAVON de SIESTA（サボンデシエスタ）」の除菌スプレー（アロマ

配合で肌にやさしい）
ミニティッシュ

毎日持って歩くものは、できればデザインや色などが好きで、軽くて、使いやすいものがいい。それを叶えるモノを見つける道のりは、長い。でも、だからこそ、探して探してやっと見つけると、誰に見せるわけでもないんだけれど、うれしくなります。

7月16日

チキンを新しいやり方で焼いてみた

暑さに負けずに元気に機嫌よく過ごすために大事にしたいのが、よく食べ、汗を出し、よく眠ること。

最近はまっているのが、料理の「基本のキ」をやり直すこと。といっても大層なことではなく、知っているつもりで、なんとなく作っているあれこれを、改めてネットで調べてみる、というだけです。

昨日調べたのは、チキンをカリッと焼く方法。おいしく焼いたチキンって、皮がカリッと、中はふわっと。そして、鶏ならではの脂のおいしさ。どうすればこんなチキンが焼けるのかを調べてみました。

いろんな方法がある中で、「肉は強火で旨味を閉じ込めるというのはウソ」というやり方をやってみることに。

まずは、コールドスタート。油をひいたら火をつける前に鶏肉を皮目から投入。中弱火でジワジワ焼きます。20分ほど焼いて厚みの半分まで白くなったら裏返して。出てきた水分を拭きながら、弱火で3〜4分焼いたら塩をふってできあがり。

強火にしないことで、皮がぎゅ〜っと縮まってしまうこともなく、カリッといい感じの仕上がりに。中もふんわりで、おいしくできました。昨日は夫がいなかったので、冷凍ごはんをチンしてワンプレートにしました。

外食をあまりしなくなって、外からの刺激をもらうことが少なくなりました。だったら家で新しいことをやってみようと試したのが、この方法でした。

ハンバーグの焼き方は？

青椒肉絲《チンジャオロース》の作り方は？

今までとはちょっと違うやり方を検索してトライする。そして、食べてみてホホ〜！と感心する。そんなワクワクを楽しみたいと思います。

7月19日

カードのポイントでホテル滞在

うちの夫は、いろんなカードのポイント名人です。私は夫に言われるがままに、「これがいいよ」というクレジットカードを使い、「そろそろポイントの期日がくるよ」と言われて、貯まったポイントを旅行券に替えます。つまり私自身はちっとも「貯める」意志はなく、いわばポイントのことなど上の空。それでも気がつかないうちに貯まっている、というのがいいところです。

先日は、その旅行券を使って都内のホテルに一泊し、東京の夜景を見下ろしながらたまった原稿を書きました。そして今は残りの1枚を使って、連休を1日ずらして、富士山が見える湖の近くのホテルにゆっくり泊まりに来ています。

若い頃は、どこかに出かけるとなると、周辺の情報を調べて、よさそうなお店やショップを巡ったものですが、最近は、ただそこへ行って、のんびりして帰ってくるだけになりました。

昨晩はご飯を食べた後にホテル内のフィットネスセンターへ。きれいな卓球コーナーがあり、誰もいなかったので、夫と二人で卓球タイム！　1時間で汗だくになりました。

汗をかいた後は大浴場へ。実はワタクシ、温泉旅館は別として、ホテルに大浴場があっても、「面倒だからいいや」と部屋のお風呂に入ることが多いのです。でも、昨日は人が少なそうだったこともあり、珍しく行ってみるか……と。露天風呂もあり、気持ちよかった！　お風呂に入りながら思いました。面倒くさがらないで動いてみないと、肌で感じることは、わらかないものだなあって。

頭でわかることと、体で知ることは違うもの。こうやって、エイッと動いてみると、いつもとはまったく違う体のチャンネルが作動して細胞がプチプチと活性化される気がします。

たまには、日常から自分を引き剝がして、まったく別の環境に身を置いて新たな細胞を目覚めさせる時間もいいものです。

7月21日

睡眠がすべてを制す！

夜10時半ぐらいに寝て、朝5時半に起きる、というスタイルになってずいぶん経ちます。7時間ぐっすり眠るというサイクルが私には合っているよう。食後に少し眠くなるぐらいで、とても体の調子がいいような気がします。

若い頃、夜型生活のときは、夜中の2時3時に寝て、出かけない日は9時頃まで寝ていました。常に寝不足でいつも眠たかった記憶があります。歳をとって、やる気や体力でいろんなことが乗り切れなくなったとき、一番大事なのは、睡眠をきちんとコントロールすることじゃないかと思います。私の場合は早めに寝て、早く起きること。早寝早起きが、人生後半に手に入れた、私の一番の「おへそ＝習慣」です。

この習慣を手に入れるために、ずいぶん失敗もしました。早く寝るためには、いろんなことをあきらめなくてはいけません。9時から始まるドラマも見なくなったし、報道ステーションも見なくなりました。「これだけは終わらせておいた方がいいかも……」と思う仕事も、エイッと放り出すことが大事です。夕飯が終わり、夫が洗い物をしてくれて、私がその後キッチンの排水口を洗うなど最後の始末をしたら、たちまち9時過ぎ。そこからお風呂の準備をして、入ったら寝る。

「もうちょっと○○しようかな……」を根こそぎシャットダウンするのが、早寝のコツだと思います。

そして、無理をしないで、体の声を聞き、眠くなったら昼寝をプラス。夕飯の後、夫がお皿を洗ってくれる音をBGMに寝落ちすることもあります。そう考えたら、結構よく寝てるよね、私。

誰かのちょっとした言葉にイライラしたり、誰かの言葉に必要以上に傷ついたりするときは、たいてい寝不足です。たっぷり眠れば、元気になれる！と信じています。

7月 29日

ゼリー作りは奥が深い

暑い時期は、つるんと食べられるデザートがうれしいもの。ということで、フルーツゼリーを作ってみました。

が、なかなかうまくいきません。目指すのは、ぎりぎり固まったぐらいのフルフル具合。昨日は、桃のコンポートの残り液と、冷蔵庫に1個ずつ残ったフルーツでフルーツゼリーを。固めるために使ったのはアガーです。

水２５０mlを沸騰させた中へアガー５gとグラニュー糖50gを入れ、よく溶けたら、桃のジュース２００mlを加えます。グラスにフルーツをカットして入れておき、液を流し込んで固めればできあがり。

う〜ん……コンポートの残り液を使うと、果肉が混じっているからなのか、ツルン、プルンという仕上がりにはなりません。これはこれでおいしいのですが……。もう少し試行錯誤を重ねてみます。

ゼリーといっても、ゼラチン、寒天、葛《くず》など、いろいろな材料で作るパターンがあります。それぞれに食感も違うし、舌触りも違う。自分好みのゼリーに出会うまでは、まだまだ道のりが長そうです。

実は、ずっとフルーツゼリーを作ってみたいと思いつつ、でも忙しいしな～、面倒だな～と一歩手前で足踏みしていました。昨日は夕飯を作り始める前に、「よし！」とアガーを取り出したというわけです。やってみれば、分量を計り、お湯を沸かしてくるくるかき混ぜ、フルーツをカットして流し込むだけ。10分ぐらいでできました。

仕事にしても、家事や料理にしても、「やってみたいな～」「やらなきゃな～」と悶々としているより、やっちゃった方がずっと早い。でも、わかってはいるけれど、スタートを切るってなかなか難しいです。

一旦エンジンがかかると、「だいたいこれぐらいの時間がかかる」「こんなに簡単にできる」と体で理解できます。この「体感」が、次に取り掛かるときのハードルを下げてくれます。今日は、「ゼリー作りは約10分」という体感が自分の中に加わりました。

手前で足踏みしていないで、やってみると、できることがどんどん見つかって、生活のお楽しみが増えていきます。

「言葉」のお裾分け

今日は、私の「言葉のストックノート」から、いくつかのお裾分《すそわ》けをしてみようと思います。ランダムにノートに走り書きしているので、出典や誰の言葉だったのかがわからないものもあるのですが——

「私が人に『NO』と言えなかったのは、自分に『YES』と言えなかったから」

誰かに「それは違います」と言うことが苦手です。「きっと相手にも都合があったんだよな」「これ言ったら傷つくかもしれないし……」とあれこれ考えて、言葉を飲み込んでしまう。でも、それは自分を大切にしていないってこと。自分に「YES」って言えなかったってこと。まずは、自分を大事にしてあげなくちゃなあと思います。

「難しいことは新しいこと」

「考え抜く筋力をつける」

大手菓子メーカーでお菓子の開発を手がける方の言葉です。

すぐにできること、簡単にできることの中には、ちっとも驚きや新しさがない。さっぱりわからない……そういうことをあえてやってみて、自分で発見しながらものごとを進める。そうすると、誰も見たことがない新しいものが生まれる。

私も、どこかで読んだことのある文章ではなく、うんうん唸りながら、私だけにしか書けない新しい文章を書きたいなあと思います。

「自分らしくしてりゃいいです。自分らしくして、嫌われたらどうしよう？って思うかもしれません。でも、偽りの自分を好かれても意味ないです」

いつも素晴らしい言葉を発信していらっしゃる久保輝美《くぼてるみ》さんの言葉のストックのシェアを、さらにシェア。「嫌われたらどうしよう」っ

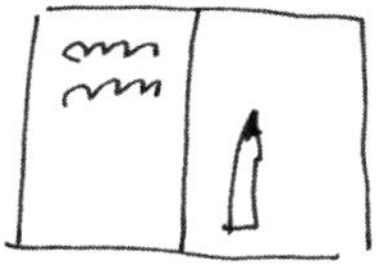

てずっと思ってきた気がします。でも、嫌われないように、って自分を偽っても、それは自分じゃないんですよね。

「終活というのは、身の回りのものをどんどん仕分けして、この人生で得た一番の収穫を見つけることだ」

まだ終活を始めてはいないけれど、ものや思考を片づける、ということは、結局は「大切なもの」を見つけるためなんだなあ。私が人生で得た一番の収穫ってなんだろう？

「タイトルに『20％の謎』で惹きつける」

音楽プロデューサーの酒井《さかい》政利《まさとし》さんと阿《あ》久《く》悠《ゆう》さんの仕事の解説から。
書籍のタイトルや、雑誌の特集タイトルっていつも悩みに悩みます。
いつも「わかりやすく！」って思うけれど、「謎」って人を惹きつけるんですよね。なになに？　なんなんだ？って扉を開けたくなる。

でも、そのためには、謎の後ろに本物の答えがあることが必要なんだろうな。真実があるからこそ、謎を生み出せる……。そんなことを考えました。

8月　1日

「大勢の中の一人」になってみる

この時期のテニスのレッスンは、さすがに昼間は極力避けて、日が沈みかけた夕方に。ずっとプライベートのレッスンを続けてきたのですが、1か月前から、以前所属していたスクールにも再び通い始めました。コロナ禍で、スクールをやめてあっという間に2年が経ち、それでもプライベートレッスンは続けていたので、「アタシ、以前よりかなり上手になっているはず！」「みんな驚くかもよ！」と意気込んで、スクールに出かけたのですが……。

結果は、チ～ン……。10名ほどの中に混じって打ってみると、まったくうまくいかない。あれ？　私、プライベートレッスンであんなに上手になったのに、どうして、こんなにうまくいかないんだろう？と落ち込みまくりました。

でも、よ～く考えてみると――。

プライベートレッスンでは、コーチと1対1なので、コーチが打ちやすい球を出してくれる。それを打ち返せばうまくいきます。対してスクールでは生徒同士が組んでラリーなどをするので、あっちへ飛んだり、短かったり、長かったり。それに対応する方がずっと難しい。さらに、人数が多いから、10回に1回しか自分の番が回ってこない。そこでミスをして、次にまた回ってきたとき、またミスをしたら、どんどん下手な人に見えてくる。つまり「いい球を打つ」ことより、「ミスをしない」ことが大事になってくる……。ということがわかってきました。

いや〜。これが大きな発見でした。1対1のレッスンでは見えなかったことが、大勢でのスクールの中で、初めて見えてきました。そっか、私はもっと「確実性」を身につけなくてはいけないんだって。

このことを機に、ああ、独りよがりって、本当のことが見えなくなるんだなあと改めて感じました。

私は明るく閉じているので、大勢の人の中にいることが苦手です。できれば少人数で行動したいし、「多くの中の一人」になるのが好きじゃない……。

でも、ずっと一人で行動したり、心地いい人数ばかりでいると、視点が自分の中にしかなくなってしまうのかも、と思いました。

スクールの中の一人になったからこそ、「私は、今までバンバン球を打ち込んで、スカッとするだけだったんだな」「それだと確実性に欠けて、本当に上達したとは言えないんだな」ということがわかりました。こんなふうに、多くの人の中に身を置くことで、より大きな視点で、自分の立ち位置を把握することができる。

歳を重ねると、「おひとりさま」で過ごすことが増えます。「もうこの歳になったら、自分の好きなようにすればいいよね」とも思います。

でも、もしかしたら、それだと視野が狭くなって、「自分がよければそれでいい」的な裸の王様になってしまうことがあるのかも……。

ときには、人が集まる場所に出ていって、いろんな人に会って話をし、「今の自分がいる場所」を、まわりの人に助けてもらいながら確かめることも大事なんだなあと思いました。

8月 5日

「できる」と信じればできちゃう！

昨日は雨の中、一人で山の方へ。知り合いが、山の中に小さな家を建て、東京と二拠点生活を始めました。そこで、さっそく遊びに出かけたというわけです。

到着する頃は雨もあがり、車を降りるとひんやり。21度ほどで、涼しくて気持ちいいこと！

木立の中の小さな木造の家は、本当にかわいらしくて、窓からはすぐそこに木々が見えて、外と内の境目がないよう……。漆喰《しっくい》の壁と木の床。北欧のシンプルな家具。過不足のない空間が、彼女らしいなあと思いました。

自宅で仕事ができる彼女は、どこに住んでも大丈夫。なので、10月頃まではこの家で暮らし、寒くなったら東京に戻るつもりだそう。

「毎日この風景を眺めながら暮らしたら、細胞レベルで人間が変わってきそうだね！」と話しました。

彼女から、「夏の湿気と暑さが苦手だから、家を探しているの」と

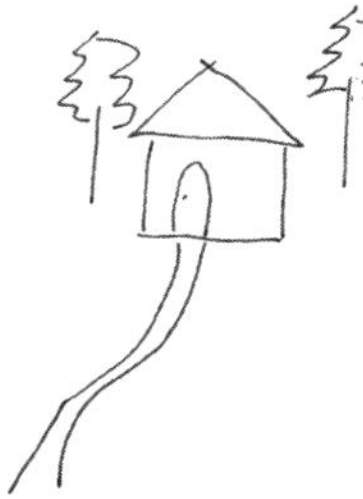

聞いたのは去年のこと。

最初はマンションを探していて、見つからないので戸建てに変え、それでも見つからないので、土地を見に行ったらこの場所が気に入ったから、「買って建てることにしちゃった！」と言いますから、すごい決断力です。

田舎の土地は、都内に比べると驚くほど安いうえ、きちんと経済的に自立している彼女だからこその決断ではあるけれど、「決める」ってすごい力を持っているんだなあと思いました。

私も、最近引っ越したい熱がむくむくと湧いてきているのですが、なかなか「これ」という物件が見つかりません。自然の中で暮らせたらいいなあと思うけれど、取材や打ち合わせに行くことを考えると、無理だよなあ、と思ってしまう。

でもたぶん、決めちゃえば、なんとかなるのです。仕事を調整し、打ち合わせや取材をギュッとまとめるとか……。自分の心でちゃんと決めれば、現実はそちらへ引っ張られていくんだろうなあ。そう思いながらも、なかなか思い切れないのが現状です。

お昼には、地元の野菜でスープを作ってくれたり、1枚1枚パンケーキを焼いてくれたり。産直のお店で買ったという不揃いのいちごも香り高く、おいしかった。ランチの後は、コーヒーを淹れて庭でティータイム。小鳥の声を聞きながら、おいしい空気を胸いっぱい吸い込んで、体中の細胞が、プチプチ新しくなった気がしました。

今までなら、「いいなあ」「でも、それほどの経済力はないから、私には無理だなあ」と思っていたと思います。でも、人生の先の時間が短くなってきた今、「できる」と信じて行動してみれば、案外できちゃうかもしれない……と考えるようにもなりました。

8月　8日

夫と朝のウォーキングに出かけたら

先日の人間ドックで、夫は「お酒と油物を控えること」と「運動をすること」を指示されたようで、毎日飲んでいるビールを低アルコールのものに変えたり、私の毎朝のウォーキングにもついてきたりするようになりました。

が！　私は、決まったコースを毎日歩くタイプ。2キロを20〜30分かけて歩いて帰ってきてから、筋トレ&ストレッチをします。ところが夫と一緒に歩き出すと、「今日は、こっちに行こう」とか「もうちょっと遠くまで行ってみよう」など、毎日コースを変えたがるのです。

昨日は、「あっちにめっちゃ広々した気持ちがいい公園があるんや〜」とズンズン歩いて行ってしまう……。結局4キロほど歩き、帰ってきた頃にはクタクタになっていました。

私は適度な運動をし、その後に掃除をし、朝の冴えた頭で原稿を書く、という流れを作りたいのに、疲れて眠くなってしまい、原稿がさっぱりはかどりません。

これに懲《こ》りて、途中までは一緒に行くけれど、途中で「じゃあね」

と分かれて、私はいつものコース、夫はその日その日で行きたいコースへ、とそれぞれ勝手にすることに！　めでたく私は、安定したウォーキングタイムを取り戻したというわけです。

たかがウオーキングだけれど、これって、すごく「その人らしさ」を表しているなあと思いました。私は冒険がきらいで、安定を求めるタイプ。一方、旅好きの夫は、常に違う風景、違う体験を求めるタイプ。彼は、ウォーキングが目的というより、「わあ、こんな道があるんだなあ～」「え～、こんなところにこんな公園があったんだ！」と新しい発見をすることが何より楽しいよう。

その人が持っている特性は、個人のものだから、たとえ夫婦といえども違いは違いなのです。無理して相手に合わせると、がまんをしたり、自分を犠牲にしている気分になって、「あんなに歩くから、原稿が書けんかったやん！」とプリプリしたくなる。だったら、「バイバ～イ！」と途中で分かれ、それぞれがやりたいことをやった方がいい。

それでも、夫についていつもとは違う道を行ってみると、カラスウリの小さな実を発見しました。これは、「いつも同じ道」という私のパターンの中だけでは、見つけられなかった小さなワクワクです。何がなんでも「私は私」と思いすぎると、ほかの風景が見えなくなってしまいます。

ぜんぶは合わせないけれど、時々寄り添ってみる。このバランスが大事かなと思います。

8月 9日

紅茶をソーダ出しで！

東京・西荻窪で紅茶教室「お茶時間」を主宰している村上みゆきさんから、荷物が届きました。この状況下で教室はお休み中とのこと。私は、村上さんが作るお菓子と、それに組み合わせる紅茶によって立ち上がる時間が大好きでした。

村上さん、茶葉をご自身でブレンドしてオリジナルブレンドティーの販売を始めたそう。その新しいシリーズをお送りいただきました。

そして！ おすすめの煎れ方、飲み方として紹介してくれたのが、ソーダ出し！ No.5 ete という茶葉を使います。オンラインショップでは、こんなふうに説明されていました。

「シンプルなインドの茶葉をベースにホールタイプのスペアミントのきつすぎないミント感とエルダーフラワーの小花がポットの中でひらひらと舞う様子も愛らしいブレンドです」

これを読んだだけで、村上さんの紅茶への愛が伝わってくるよう。それにしても、文章を読むだけでおいしそう。

さっそく教えてもらった通りに常温の炭酸に茶葉を入れてみました。

村上さんは炭酸の５００mlのペットボトルで作ると紹介されていましたが、私はいつものソーダストリームのボトルでやってみました。

　ボトルのギリギリまで炭酸水が入っていると、茶葉を入れることで、開けたときにシュワシュワと吹きこぼれることがあるのだとか。なので、最初に１００mlほど水を抜いておくようアドバイスをいただきました。横にして10時間ほどおくと、できあがりです。

　いや〜、おいしかった！　ミントがきつすぎず、ほんのりエルダーフラワーが香って、さっぱりしているのに奥深い。シャンパンの代わりに食事に合わせてもいいかも。

　こうやって、家にいながら新しい扉が開くのって、本当にワクワクします。「知る」「味わう」「嗅ぐ」新たな経験を大事にしたいなあと思います。

8月 10日

洗濯ネットの収納どうする？

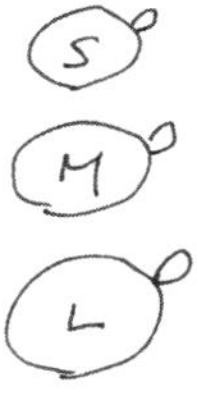

以前『暮らしのおへそ』で、ナチュラルクリーニングの講師、本橋ひろえさんに洗濯の仕方を教えていただいたとき、洗濯物1枚に対して洗濯ネットひとつと聞き、え～っ！と驚きました。私はひとつのネットに洗濯物を3枚ぐらい入れていたので……。

慌てて買い足したら、量が増えて、洗濯ネットの収納箱から溢れ出してしまいました。さらに、この収納方法だと、「えっと一番小さいサイズは……」とすべてを出して必要なサイズのものを選ばないといけません。

「あ～、どうにかしたい！」とずっと思っていたのです。洗濯機の横に、S、M、Lという3つのサイズを分けてしまえるポケットをつければいい、という改善策はすぐに思いついたのですが、このちょうどいいポケットがなかなか見つからない。100円ショップや「無印良品」などに見に行きましたが、ちょうどいいものがありませんでした。

で！　最近ようやくネットで見つけました。山崎実業のものです。裏がマグネットになっていて、洗濯機の横にバチッとくっつけることができます。ちょっと大きすぎるかなあと思いましたが、これが大正解。ゆとりを持って放り込むことができ、出し入れもスムーズ。

あ〜、すっきりした！　ネットを取り出すたびにニンマリ。暮らしのワンシーンがちょっと変わる。これって、一番簡単なシアワセの作り方だなあと思います。

8月12日

満足感を常に持て！

なんてことない毎日なんだけれど、ふとした「すきま」に、「あれ？」「ああ、そういうことだったのね！」と何かが降《お》りてくることがあります。先日、久し振りに「それ」がやってきました。

仕事に出かけようと、自転車をぐぃ〜んとこいで、自宅からいつもの駅までの道に飛び出したとき。その日も暑くて、セミが鳴いていて、周囲の家には、サルスベリが最後の花を咲かせて、洗濯物が揺れていました。

すると突然、「ああ、この風景は、私しか知らないいんだなあ」と思ったのです。「私しか知らないことって、いっぱいあるんだなあ〜」って。今朝、夫と冗談を言いながら笑い合ったことも、コーヒーがおいしくはいったことも、洗濯物をいつもの軒下に干したことも、私しか知らない……。

この「私しか知らないこと」は、誰も「いい・悪い」と評価することはないし、誰かに何かを言われる筋合いもない。だったら、自分がいいと思えりゃいいじゃないか！　と、突然思ったのでした。

若い頃からずっと、「人にどう見られるか」を気にして生きてきました。もちろんそれは、あるときは自分を伸ばす力になるし、悪いことだとは思いません。

でも、誰かに評価してもらったところで、誰かが私の暮らしに責任を持ってくれるわけじゃない。暮らしは自分でつくり、自分で「いい」と思い、自分で淡々と歩いていくもの。だったら、たくさん自分の「いい」を育てなくちゃ……。人のことをあれこれ気にしている暇はないって思ったのでした。なぜか突然に（笑）。

以前、「ファミリーヒストリー」という番組で、所ジョージさんの回を見ました。所ジョージさんのお父様は、銀行員だったのですね。お母様と大恋愛で駆け落ちして結婚したのだとか。

夫婦げんかをすることもあったけれど、寝る前には必ず、「おかあさん、今日の夕飯はグ～だったよ」っておっしゃったそう。

そのお父さんが、ある日突然墨を摺《す》り、書き初め用の半紙に書いたのが「満足感を常に持て」という言葉でした。どんなときも「常に」満足する。この「常に」というところがミソだなあと思います。

悲しいときも、絶望したときも、不満があるときも、心配事に押しつぶされそうなときも、満足感を「常に」持つ……。満足って、何かがいっぱいあるから感じるものではなく、自分の心が「いっぱいだ」と感じたときに、生まれる感情なんでしょうね。

いつも満足できる人間になりたいなあと思う朝です。

8月 23日

毎日しっかり食べてハッピーに

ここ数日、気温は低いものの、湿度が高くて蒸し暑い日が続いています。こんな季節だからこそ、「ちゃんと食べる」ことを大事にしたいもの。今日はわが家の定番の器を少しご紹介してみます。

昨晩のわが家のご飯は、麻婆なすでした。なす4本を縦に4つに切って、油で炒めて取り出しておき、ひき肉、玉ねぎのみじん切りを炒め、豆板醤を入れて火を通して香りを出したら、水と、顆粒の鶏がらスープの素、醤油、酒、砂糖を入れてなすを戻し入れ、ちょっと煮込んだら、水溶き片栗粉で、とろみをつけてできあがりです。

うちでは、いつも大皿スタイルなので、これを大きな鉢に盛ってドーンと食卓に出します。

普段は平皿を取り皿として使っているのですが、こういった汁気やあんがあるおかずのときに便利なのが、ちょっと縁《へり》に立ち上がりがある器。わが家では、城進《じょうすすむ》さん作の白い鎬《しのぎ》の器や小石原《こいしわら》ポタリーのものを愛用中です。

私は、この7寸というサイズが大好き。大皿でもなく、小皿でもない。たぶん、取り皿にするには、大きすぎるのかもしれません。でも、小さなお皿にモリモリにおかずを取るよりも、この「ちょっと大きめ」の皿に取り分けることで、麻婆なすも肉じゃがも、とてもおいしそうに見えるのです。

別の日には、白い器に、1人分の冷奴と焼きなすを盛り付けることもあります(なぜか、冷奴だけは、銘々皿で食べたくなります。大皿にすると、取り分けるたびにぐちゃぐちゃになるので)。

ゼリーを作ったら、スプーンですくってこの器に盛り、横にプラムやブルーベリーなどのフルーツを添えてもきれいです。

面倒くさいなあと思うこともあるけれど、毎日おいしくご飯が食べられたら幸せ。器は、そんなひとときを助けてくれる、なくてはならない生活の相棒です。

麻婆なす

材料……なす4本、豚ひき肉100g、玉ねぎ1/4個、にんにく1片、しょうが1片、油適量、豆板醬小さじ1、鶏がらスープの素小さじ1、醬油大さじ2、酒大さじ1、砂糖大さじ1、片栗粉大さじ2

作り方…なすは縦に4等分に切り、玉ねぎ、にんにく、しょうがはみじん切りにする。フライパンに油を多めに入れて熱し、なすを揚げ焼きにして取り出す。同じフライパンで豚ひき肉を炒め、玉ねぎ、にんにく、しょうがを加えて炒める。豆板醬を加えて火を通してから全体を混ぜ、鶏がらスープの素を200mlの水に溶いたもの、醬油、酒、砂糖を加える。なすを戻し入れて少し煮立て、水溶き片栗粉でとろみをつける。

8月 25日

欲しいものがなかなか買えないお年頃

この時期を「処暑《しょしょ》」と言うと知りました。そろそろ、暑さがおさまるという意味なのだとか。朝晩は少し過ごしやすくなりました。

今日からの出張、ちょっぴりワクワクしています。なぜかというと、今回の移動のお供に新しく買ったワイヤレスの骨伝導イヤホンがあるから。私は肌が弱いため、耳の中に入れるタイプだと、かゆくなってしまうのです。これは、耳に挟んで使うタイプなので大丈夫です。

自宅では「Shokz（ショックス）」のワイヤレスイヤホンを使っていたのですが、持ち歩き用に、小さなものが欲しいとずっと思っていました。ショックスも十分コンパクトで持ち歩けるサイズです。でも、片耳ずつにひっかけるタイプがあると知ってから、欲しいなあ、どうしようかなあ……と思っていたら、なんとショックスちゃんが、私の思いを察したのか、故障してしまいました。修理に出しているのですが、1か月以上戻ってきません。家では、昔使っていた大きめのイヤホンを引っ張り出して使っていますが、さすがに持ち歩きには不便。

そろそろ買っていいってことかな？　何度もアマゾンで見ては、「いや、もうちょっと待とう」とあきらめて……。それを繰り返し、今回の出張前に「え〜い！」とポチってしまったというわけです。

これで、朝早く家を出たときに見られなかった「ちむどんどん」もNHKプラスで見られるし、「コテンラジオ」も聞けるし、移動中の時間がぐんと楽しくなりました。

若い頃ならすぐ買っていたものを、1か月、3か月、半年……と悩むようになりました。悩んでいるうちに、自然消滅して欲しくなくなるものはそれでよし。「いらない理由」を思いついて、「そっか、買わなくていいじゃん」と思い直すことも。それでも……とぐじぐじ悩み続け、やっと買う。割と買い物の決断が早めな私にとって、この状況には自分でも驚きです。

「時間のふるい」ってなかなか有効です。それでも結局欲しいものだけを最後に買う。少しずつ、持ち物を本当に必要なものだけに減らしていきたいと思うこの頃です。

8月26日

父と母の麦わら帽子

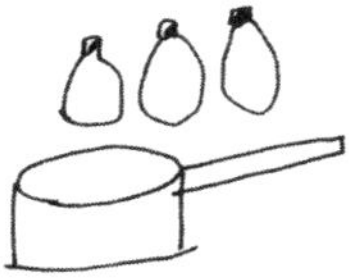

神戸出張のついでに、実家に久しぶりに立ち寄っています。あれこれ母の手伝いを……。

思えば、ちょうど去年の今ごろ母が手術をし、一人暮らしになる90歳の父のため、東京と実家を行ったり来たりしたのでした。今は、幸い母の状態は少し落ち着き、家の中でも杖をついて暮らすようになりました。

以前よりできないことはぐんと増えたけれど、それでも、部屋のあちこちを見ると、できない中での母の「きれいに暮らしたい」という思いが垣間見られて、その様子から、「ああ、去年より少しはマシなんだなあ」と実感できます。

「私がやるから」と手を出そうとしても、「ここは、私のやり方があるから」と杖をつきながら渡そうとしない！　そして、整えながら「ここはね……」とこだわりポイントを伝授してくれます。

そんな母の最近の悩みが、杖をついて出かけるようになったので、日傘がさせないということ。「だったら、帽子がいいかもね」と、私がずっと前に買ったまま、ちっともかぶっていなかったストローハットをプレゼントすることにしました。帽子作家さんが作ったものなので、「おしゃれすぎて、母はかぶりこなせないかも」と思っていたのですが、これが超似合ってびっくり！　やっぱり生きてきた年輪が出るのでしょうか？　私がかぶるより、ずっと素敵なたたずまいになるのです。

以前から父は中折れタイプの麦わら帽子をかぶっていました。今は、二人仲良く帽子を頭にお出かけを。二人のちょっとこじゃれた姿に、ムフフと笑ってしまいます。

母ふみこの暮らしのルール

私がまだ娘として実家に住んでいた頃、母が毎日どうやって掃除をし、何時ぐらいから晩ご飯の支度を始め、どう部屋を整えているかなんて、まったく知りませんでした。毎日その姿を見ていたのに、です。

家を出て、フリーライターとなり、いろいろなお宅の取材をし、自分自身でも暮らしを回すようになって、実家に帰ると、「へ〜！ キッチンのシンク下は、こんなふうに収納の工夫をしてたんだ！」「え！ 曜日ごとに掃除する場所を決めて、1週間ですべてがきれいになるように計画しているんだ！」と、わが母が、まるで取材先で出会ったスーパー主婦のように見えてきてびっくりしたのを覚えています。

　短大を卒業後、20歳で結婚、21歳で私を産んだ母は就職経験がありません。母は「主婦でずっと家にいるからこそ、極められることを見つけたい」と、家事を細々《こまごま》とこなしてきました。そんな母も、80歳を目前にして、肩に人工関節を入れる手術をし、さらには側弯狭窄症《そくわんきょうさくしょう》を患い、体が思うように動かなくなりました。1か月入院している間に、私は実家の掃除道具一式を買い揃えました。雑巾を絞らなくてもいいように掃除シートを。かがまないでも床掃除ができるようにクイックルワイパーを……。「もう、無理をして掃除なんてしなくていいよ。ちょっとは手を抜いてね」。そう言いながら手渡して、東京に戻りました。

しばらくして、実家に帰ってみると――。母は見事に掃除シートやクイックルワイパーを使いこなし、さらに、シルバーのシュガーポットのフタをティッシュで拭いたり、泡をかけて水で流すだけで蛇口がピカピカになる洗剤を買ってきたりと、上手に手を抜いて、体に負担にならない掃除方法をマスターしていました。

実家を訪ねると、体がつらいにもかかわらず、母が隅々まで整えた部屋の気持ちよさに、背筋が伸びる思いがします。家事は完璧であることがゴールではない。できることを見つけ、日々淡々と繰り返すだけでいい。暮らしをつくるということは、そういうことなんだと、母ふみこの背中が教えてくれている気がします。

シルバーの道具はティッシュで拭く

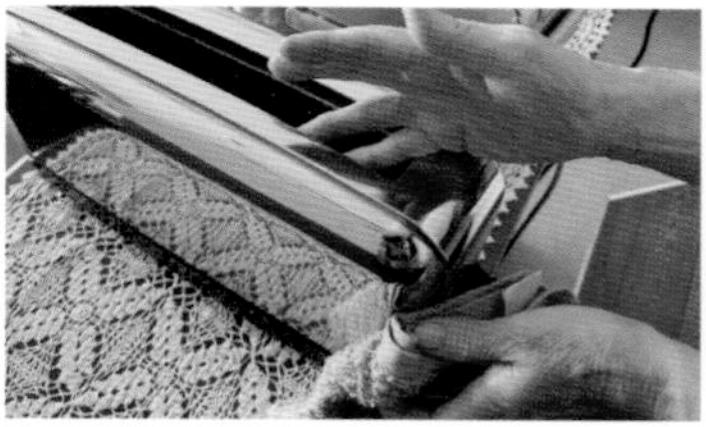

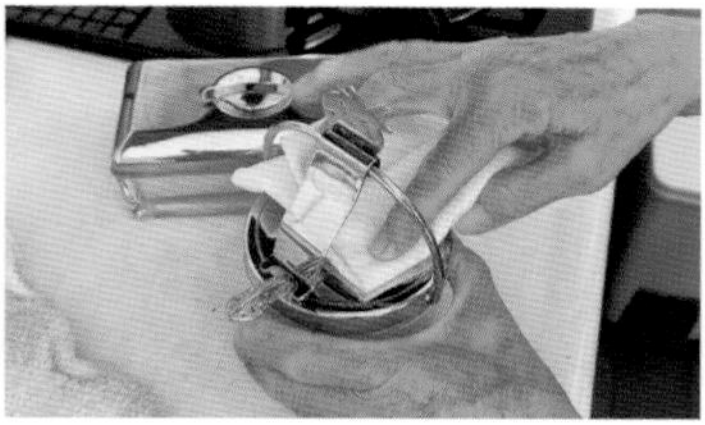

シュガーポットやバターケースのフタ、ポップアップトースターなどは、指の跡がついていたり、曇っていると、とたんに汚く見えます。水拭きした後に、ティッシュで拭くのが一番有効。ピカッと光らせて終了です。

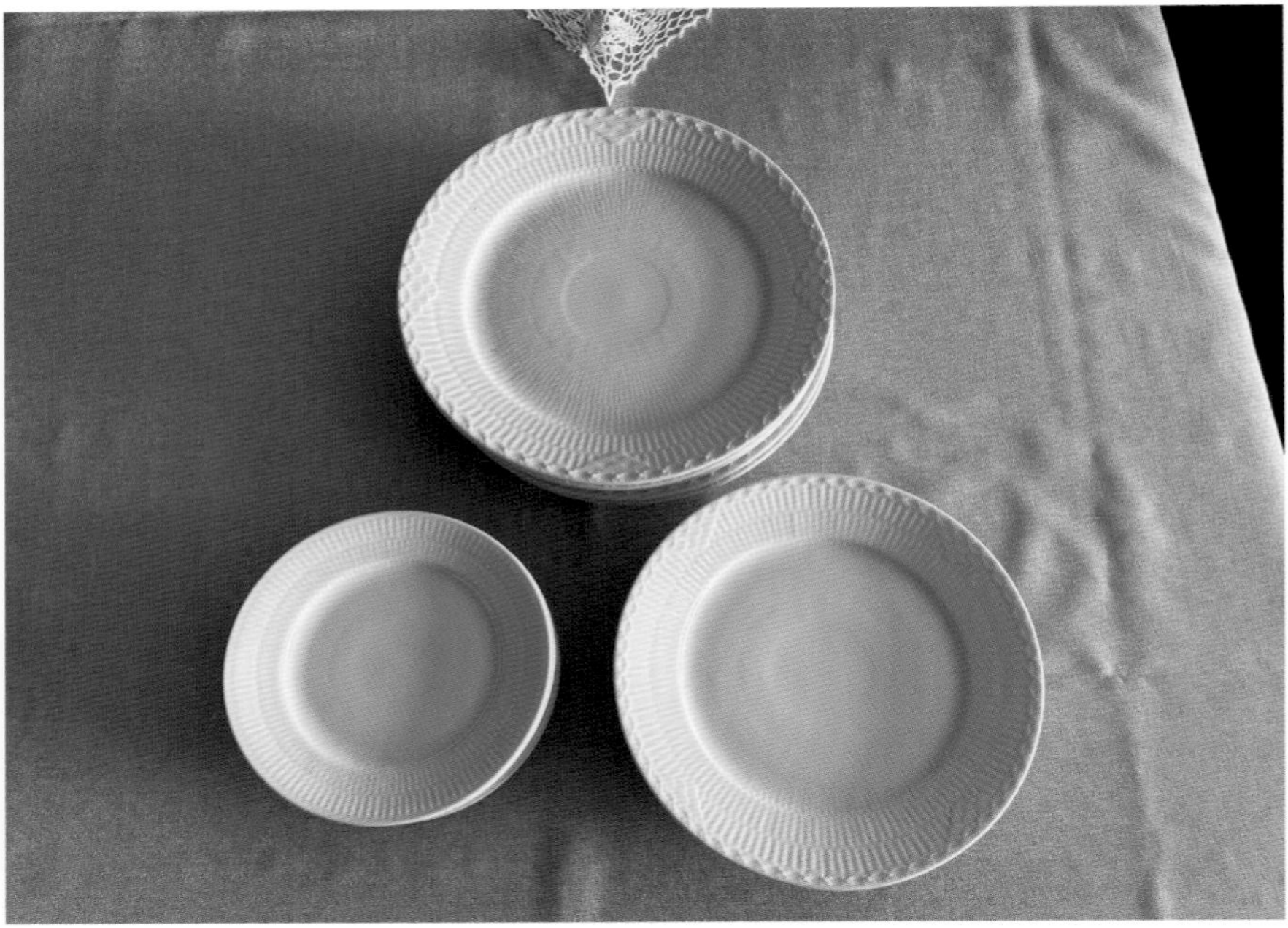

定番のお皿はロイヤルコペンハーゲンと決める

阪神淡路大震災で、食器棚の器が粉々に割れてしまってから、暮らしのベースとして買い揃えたのが真っ白な器です。毎朝トーストを食べるのも、昼食に焼きそばを、夕飯にハンバーグを盛り付けるのもこれ。迷うことがなくなると食事の支度がぐんとラクになります。

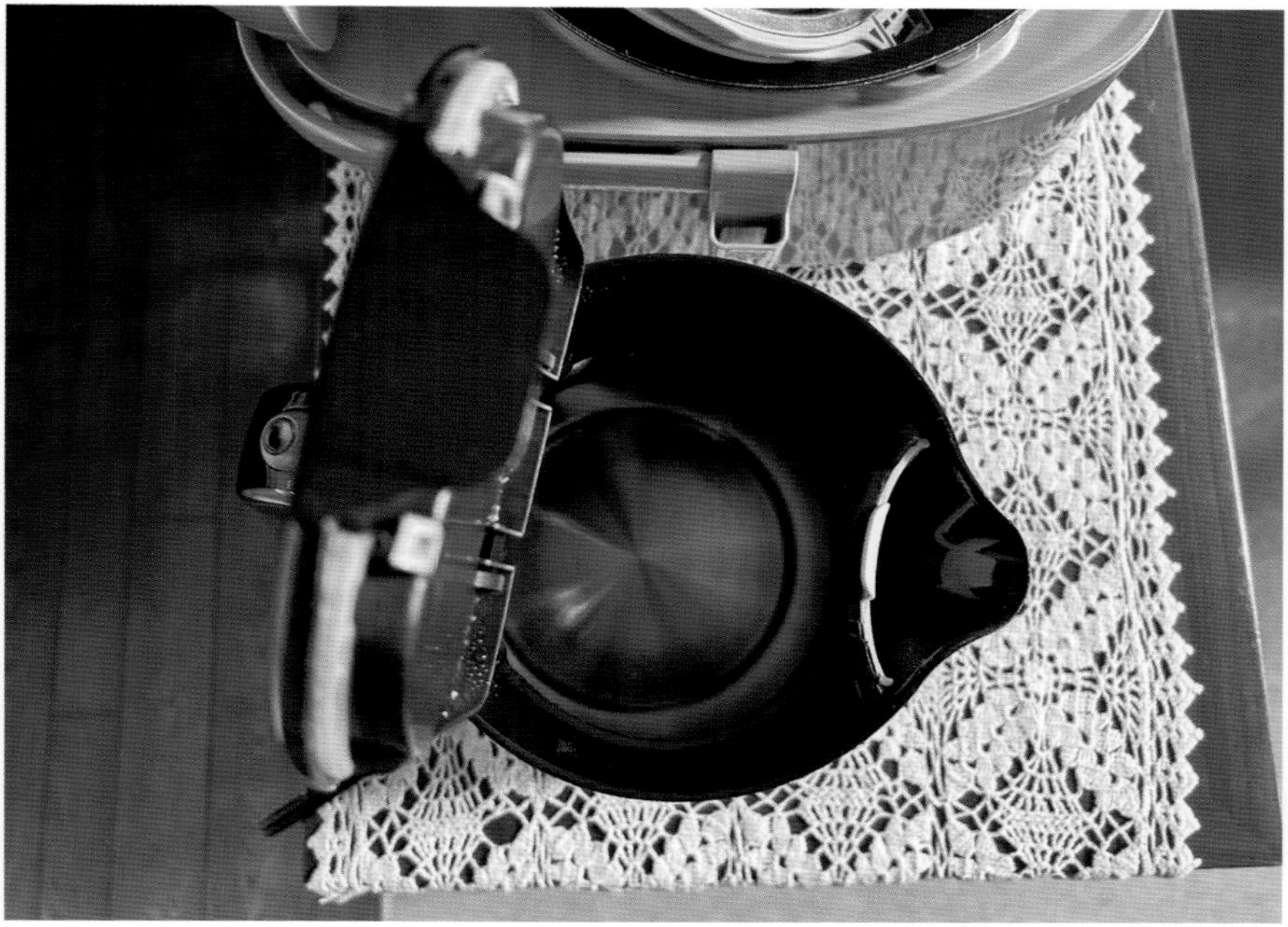

ポットの中まで毎日拭く

朝、紅茶やコーヒーを淹れたり、昼食や夕食時には煎茶を淹れたり。毎日電気ケトルで沸かしたお湯を、「サーモス」のポットにつめておきます。フタを開ければ、奥まで手が届くのがこのポットに決めた理由。一日の終わりには、必ずお湯をすべて捨てて、乾いたふきんで中を拭き、フタを開けたままにして、朝まで置いておきます。水分を残さないことで、ポット内部が清潔に保たれ、いつでも気持ちよくお茶をいただくことができます。

蛇口を制するものはすべてを制す

一日の始まりに、洗面所の掃除をする母。バス用洗剤を洗面ボウルにシュシュッとふりかけ、ティッシュでくるりとこすった後に、歯磨き用のコップで水をかけて洗い流します。そして、最後に蛇口にシュシュッ。「ここが一番大事なんよ」とおっしゃる。どんなに洗面ボウルがピカピカになっても、蛇口が汚いと掃除したようには見えないそう。洗面所もキッチンも、蛇口をピカピカに。「全体の印象」って意外に大事なのです。

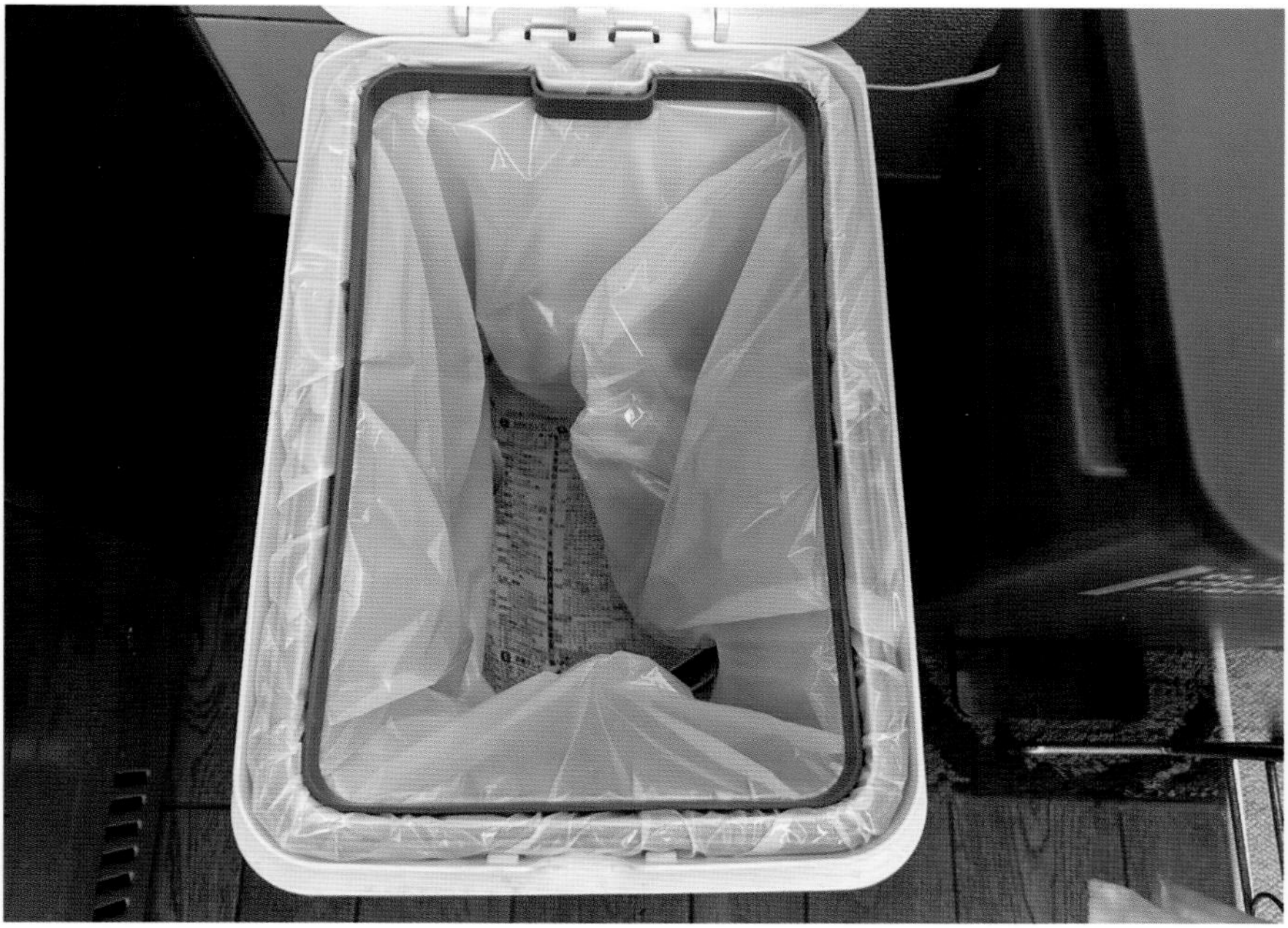

ゴミ箱の底に新聞紙を敷く

ゴミの日に、ゴミ箱にセットしているビニール袋を新しいものに取り替えたら、その底に新聞紙を敷きます。さらに、ベランダに出して風を通します。「水分がもれちゃった」「ちょっと臭うな」と思ったら解決法を考える。その繰り返しが、このゴミ箱の底に隠れていました。

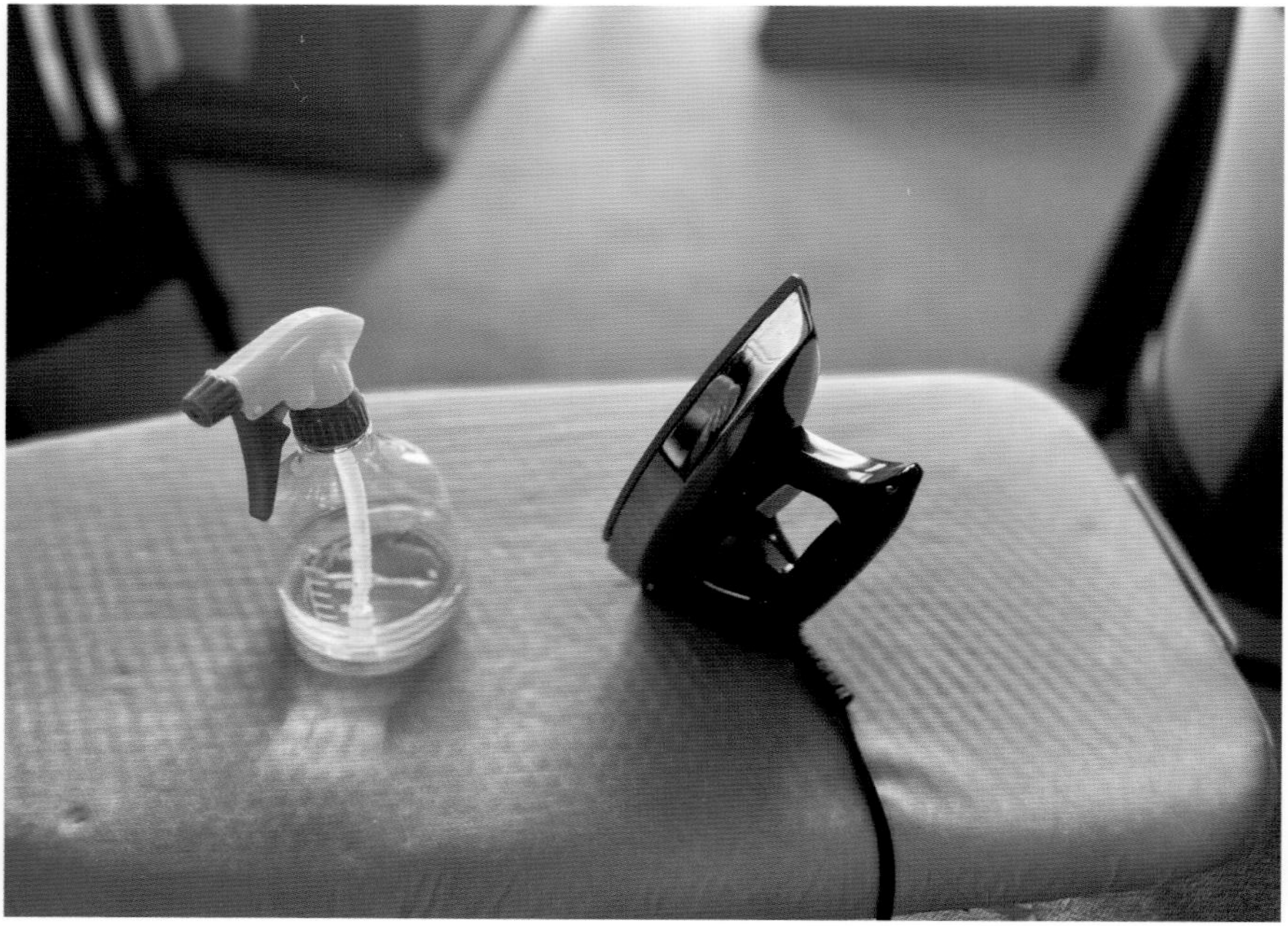

スチームアイロンを使わない

私が子どもの頃から実家にあった、古いアイロンをずっと使い続けていたけれど、どうにも動かなくなって、新たに母が選んだのが、このパナソニックのレトロなアイロンでした。スチームアイロンは使わず、霧吹きをシュッとふきかけて。「軽いし、こっちの方がだんぜんきれいになるよ」とのこと。父のパンツや私たちの下着にまでアイロンをかけていました。学生時代、洗濯物の匂いを嗅ぎながらあれこれ話をしたことを思い出します。

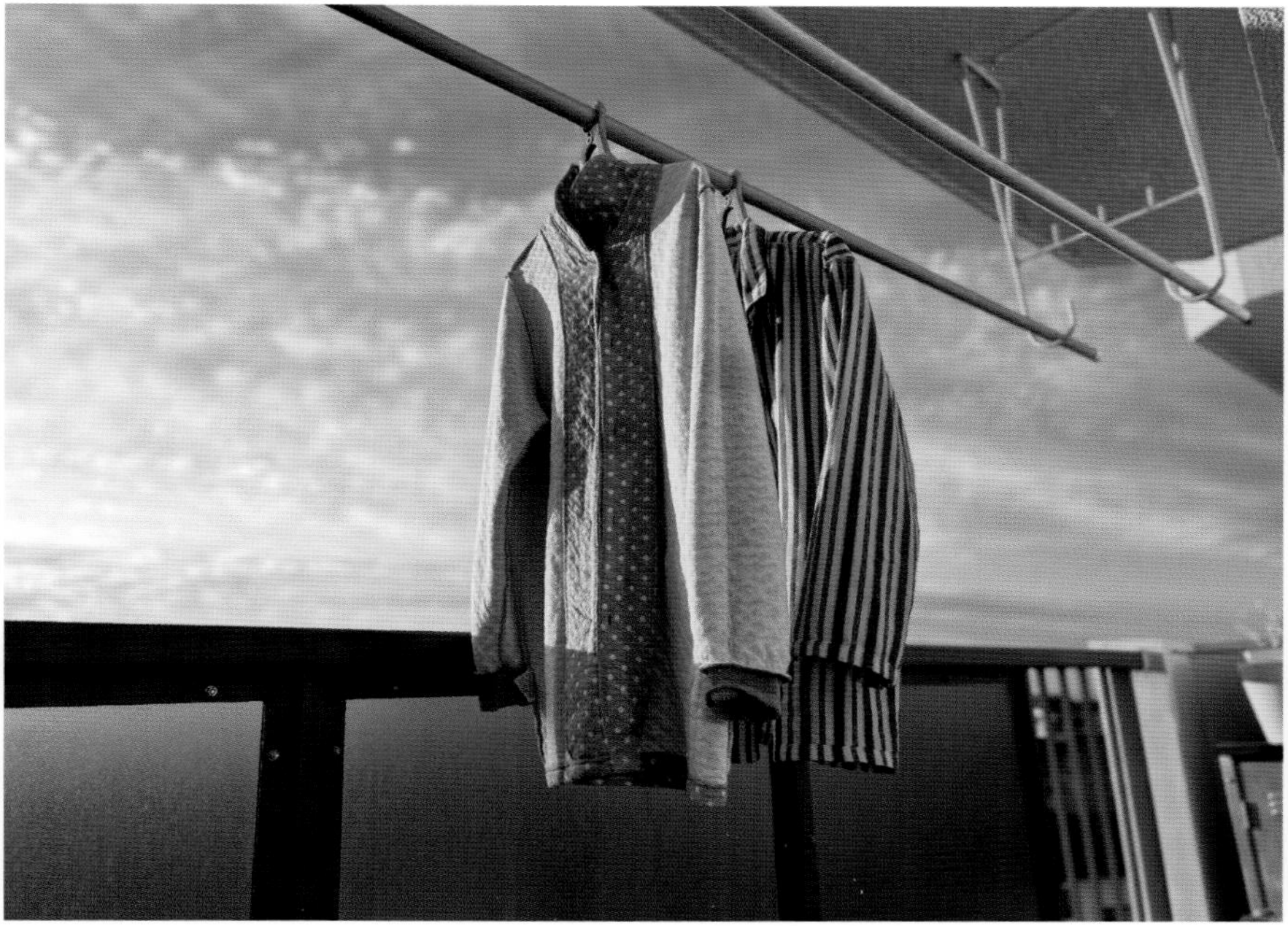

パジャマは裏返して毎日干す

母の年代の人は「洗濯しすぎると、生地が傷む」という人が多いよう。夜間の睡眠中には冬でもパジャマが汗を吸うので、朝着替えたら一番に、トップスだけを裏返して洗濯ハンガーにかけてベランダへ。風を通し日に当てておけば、夜着るときに気持ちがいいそう。今はこれが90歳の父の役目に。家事なんてなんにもしなかった父が、洗濯物を干す姿を見ると胸がキュンとします。仲良く風に揺れているパジャマの風景が大好きです。

ベッドカバーは重たいものを選ぶ

「どんなに隅々まで掃除をしても、最後の仕上げをきちんとしないと、部屋が整って見えない」というのが母の持論。寝室も、必ずベッドカバーをきちんとかけます。しかも、カバーはある程度の厚みがあり、重たいものじゃなくちゃダメ。薄すぎると、中の布団や毛布の形を拾ってしまうそう。厚みと重さで表面にシワがなく、ピシッとした姿になってこそ、カバーをかける意味がある……。凛とした寝室は、実家の自慢の風景です。

9月 12日

秋の気配を感じたら

ここ数日ずっと、朝起きると曇り空だったのに、今日は久しぶりの快晴でした。５時半にウォーキングに出かけると、いつの間にか日の出が遅くなり、斜め横からの朝日が美しい。すっかり秋の気配が感じられるようになりました。

季節が変わると、「ああ、そうだった！」と思い出すことがあれこれ増えてきます。今日感じたのは、温かい紅茶がこんなにおいしかったのか、ってこと。

先日買ったイイホシユミコさんのマグカップが、使ってみると、お店で見た以上にとてもよくて、紅茶やコーヒーをおいしくいただいています。持ち手が大きくてしっかりと握れるし、何より口当たりがすばらしい。カップの縁《ふち》の薄さ、角度……。すべてが計算し尽くされているのだなあと、改めて感動しました。

ほうじ茶を淹れたときは、和菓子が食べたくなります。先日、秋田のお土産に「三杯《さんばい》もち」というお菓子をいただきました。初めての出会いです。

米粉、麦粉、白玉粉をそれぞれ一杯ずつ加えて作るからこの名前なのだとか。もっちりとして、ほのかな甘みでおいしかったです。あちらこちらの土地にまだまだ知らないお菓子ってあるのですね。

いつも撮影でお世話になっているカメラマンの岡田久仁子さんのご実家「おかだ農園」からは、二十世紀梨が届きました。鳥取県が主な産地の二十世紀。私は関西出身なので、幼い頃から、梨といえば二十世紀でした。だから、今でも大好き。果物にも地域性がありますね。

そろそろ、おしゃれも秋の用意をしなくては。でも東京の気温は、朝は23〜24度だけれど、昼間は30度近くなってまだまだ暑い。そんなときは、サラリとした麻の半袖で、素材や形は夏物であっても、黒やネイビーの色を着るようにしています。

夏の間は白シャツや白いワンピースが多かったけれど、この時期からは、黒い半袖ワンピースやネイビーの半袖シャツを。以前「Daja(ダジャ)」の板倉直子さんに、「季節感はまず色で取り入れる」と教えていただいて、なるほどなあと思いました。

そして！　先日取材で訪ねたショップで、私にしては珍しく、ピンクのバッグを買いました。「how to live（ハウトゥリブ）」のもの。これが、黒のワンピースと合わせるとかわいいのです。バッグはいつも無難な白、黒、グレー、ネイビーぐらいしか手にしませんが、こうやってビビッドな色を小物で取り入れてみると、なんだかワクワクします。色の効果ってすごいですね。

夏の間は花を飾ることからも遠ざかっていたけれど、そろそろまた生けてみようかなあと思っています。季節の変わり目に、衣食住、それぞれのお楽しみを見つけます。

9月 13日

うまくいかない ときは、 やめていい

6時半ぐらいから書斎に入ってひと仕事したら、8時から朝ドラを見つつ朝ご飯代わりのフルーツを食べるのが、私の朝の習慣です。

今見ているのは「ちむどんどん」。少し前、バナナをくわえながら泣いてしまった日がありました。

主人公の暢子《のぶこ》は、やっとの思いで沖縄料理の店「ちむどんどん」をオープンさせますが、うまくいかず、閑古鳥《かんこどり》が鳴く状態……。そんなとき、以前修業したイタリア料理店の料理長、高嶋政伸さんが演じる二ツ橋《ふたつばし》さんが、お店にやってきて相談にのってくれるシーンがありました。そのときの二ツ橋さんの言葉がこんな感じ。

「うまくいかないときは、やめてもいいんです。一度止まって、休んでもいいんです。あなたは、飲食店で成功するために、生きているわけではありません。幸せになるために生きているんです」

今でも、この言葉を読むだけで、ジワッと涙が出てきます。幸せっ

てなんなのかを、胸の中心にストンと届けてくれる言葉だなあとしみじみ思います。

人はみんな幸せになるために生きている……。こんな当たり前のことが見えなくなっているととってあるなあと思います。たとえ成功しなくても、仕事をバリバリしなくても、私は幸せになることができる。今日、このフルーツをおいしく食べれば幸せだし、夫が起きてきて「おはよう」と言うことが幸せ。

怖がりの私は、「もし○○になったらどうしよう」と心配ばかりしてしまうけれど、ひとつひとつ目の前にあるものを「ああ、幸せ」って、ちゃんと味わう日々を送ろう！と思ったのでした。

9月15日

30分でできちゃうジャム作り

ジャム作りって、慣れると本当に簡単です。ほんの30分ほどでできてしまいます。

先日はイチジクのジャムを。今回はネットで調べて、ヘタと傷んでいるところだけを取り、皮のまま作ってみることにしました。

以前いがらしろみさんを取材したとき、「どのジャムでも材料の70〜80％のグラニュー糖で作ります」とおっしゃっていたので、私もその分量を目安に作っています。今回は、レモン汁も加えて。

準備は、コーヒーを淹れるためのお湯を沸かしている間にできちゃいました。強火でガ〜ッと煮立てて、アクを取ります。「アクがツヤに変わったら、できたという証拠」と、ろみさんが何かの本に書いていらっしゃったので、よ〜く観察します。

ジャム作りって、そのままでも十分おいしい果物を煮ることで、別もののツヤや、美しい色合いに変わっていくのを眺めている過程がワクワクします。今回は皮も一緒に入れたことで、いつもより濃い色のキラキラのジャムができあがりました。

さっそくトーストにのせて食べると、ウマウマ！　自分で作ったジャムはフレッシュで本当においしい。これだけで幸せになれます。

次は、今まで作ったことのない、ぶどうのジャムに挑戦してみようと考えています。文旦ジャムが世界で一番好きだけれど、季節ごとに変えていくのもいいなあと思います。

面倒くさがりで、掃除はサボるのに、ジャムを作るのは、なぜか億劫にならないから不思議。それは、クツクツと煮立ったときの音や、部屋中に広がる香り、びんに移し替えたときの美しさ、パンにのせてパクッとひと口食べたときのおいしさを体が覚えているから。そして、30分でできちゃうから。私にとって30分でできるかどうかは、面倒くささのバロメーターです。

9月 19日

蒸し料理にはまっています

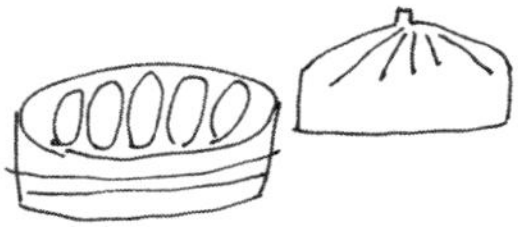

今日はウォーキングは無理かなあと思いながら朝カーテンを開けると、雨は降っておらず、雲の合間から青空がのぞいていました。雨上がりのモイスティーな空気の中を歩いて帰ってきて、汗びっしょりです。途中、白い彼岸花が1輪、すっくと立って咲いていました。

先日の人間ドックで、夫が「お酒と油物を控えるように」と言われてしまいました。実はわが家は揚げ物が大好きでした。ガツンとしたトンカツみたいな揚げ物というより、れんこんやごぼうなどを素揚げにしたり、鶏肉を一度揚げてから甘辛く煮たり。そんな揚げ物を封印しなくてはいけません。そこで、代わりに最近ハマっているのが、蒸し料理です。

以前は、蒸籠《せいろ》をわざわざ出してくるのは面倒だなと思っていました。でも、日常的に使い始めると、何か一品作っている横で、材料を蒸籠に放り込んで蒸すだけでもう一品できちゃうから、とってもラク！今は、ほぼ毎日使っています。

最近のお気に入りは、蒸しなす。皮をむいたなすを蒸籠に並べて8分ほど蒸すだけです。蒸しあがったら、縦に裂いて、ごま油と塩につけていただきます。これが最高においしい！　二人で、なす5本をペロリと食べちゃいます。

昨日は、なすを蒸している横で、冷蔵庫に残っていたピーマンと甘長とうがらしを炒めてみりんと醤油で味つけし、きんぴらを作りました。ちょっとほろ苦くて、ご飯に合います。

このほかにも、以前伊藤まさこさんに教えてもらった、豆腐に豆乳をかけて30分ほど蒸して、ごま油と塩をまわしかけて食べるという一品もおすすめ。

肉や魚の蒸し物にも挑戦していて、タラの上に山盛りのわけぎをのせて、バターを落として蒸したり、イカとわけぎを混ぜ、味噌や醤油で味つけをしてから蒸したり。

どうしてもっと早くやらなかったんだろう、と思うほど、簡単でおいしく仕上がります。

9月23日

もう「成果」を目指す生き方はやめてみてもいいのかも

ふと手にした雑誌の1ページの文章が、深く胸に刺さり、大切な何かに気づくことがあります。読み終わったらすぐに処分……と、どんどん「消費」される運命にある雑誌でも、誰かの足をふと止める力を持っている。だから、私は若い頃から雑誌が好きだったんだろうなあと思います。

先日出会ったのは、山崎ナオコーラさんの「足元にソーダ水」というタイトルのエッセイでした。その一文一文が、すべて心に染み入りました。まずは書き出しからこんな感じ。

「昔、『仕事は、誰かから認められないと始まらない』と私は思っていた」

ええ、ええ、私もそう思っています！　と思いながら読み進めてみると――。

数年前にお父様ががんを患われたそうです。体力が落ちていく日々の中、ベッドのテーブルで震える手で新聞を広げ、新しい言葉に出会うと自分のノートに書き写していたそう。

「新しい人生もおそらくない、と自身でも思っているはずだが、新しい言葉を覚えようとしている。父のその行為を垣間見て、私はちょっと感動した」

「震える手で新聞をめくったり、字を書いたりすることは、冒険でもあったと思う。（中略）つまり、冒険はベッドの上でもできるのだ。『人と比べてすごいことをやる』のが冒険なのではなく、『自分が冒険だと感じることをやる』のが冒険なのだ」

「それに気がついてから、私はだんだんと自分の小さな暮らしや地味な仕事環境に満足するようになってきた」

私も最近、老いた親の姿を見る機会があって、この体験が胸に染みました。さらには、ずっと「もっともっと」と生きてきて、この先もずっと「もっともっと」って言っていないといけないのかなあ、何かが違うよなあと、この数年ずっと考えていました。

いろんなことが、このナオコーラさんのエッセイで、つながった気がしたのです。

そっか、もう「成果」を目指すのをやめてもいいのかも……。そう思いました。私はこれまで、「成果」を求めるからこそ、自分の中に「足りないこと」を見つけ、それを補うために頑張れると信じてきました。でも、「成果」は自分の力だけではコントロールできません。それに振り回されると、本当に大事なことを見失ってしまいそう。

「成果」ばかりを目指すことをやめて、本当に大事なことを見据える生き方をしたいなと思います。

9月　25日

自分の場所で踊る

今日の朝のウォーキングで見えたのは、朝焼けと飛行機雲。昼間はまだまだ暑さが残りますが、朝晩はすっかり涼しくなりました。

先日、夫に連れられて、角松敏生《かどまつとしき》さんプレゼンツの舞台「THE DANCE OF LIFE」を観に行ってきました。角松さんと仲間たちの音楽&歌に、ダンスとお芝居を組み合わせた、複合的な試みなのだとか。私はついて行っただけなので、な〜んにも前情報はなし。特に好きでもなし。ところが、この舞台が、とってもよかったのでした。

時代は1980年台のバブル前夜。ヒップホップがまだ日本に上陸していない頃、ストリートで踊る若者たちがいました。やがて、彼らに目をつけたテレビプロデューサーによって、テレビでバックダンサーとしてデビューするというチャンスがやってきます。

でも……。主人公の男の子は、言われた通りにテレビ的に演じるということに違和感を覚えてせっかくのチャンスから降りてしまいます。まだインターネットもなかった時代。有名になるためには、芸能界に入って、名前を売って……という1本の道しかなかった。でも、彼らの中の一人が未来を予測したようにこう言います（うろ覚えなので、こんな感じといったところですが）。

「『芸能』という道を通らないと踊れないわけじゃない。踊りたいから、ここ＝ストリートで踊る。それでいい。もう少ししたらきっと、みんなが自分の表現を自由にできる時代がやってくる」

２０２２年という時代を生きている私たちが、１９８０年台という舞台上の時間から言葉が発せられるのを聞く、という設定がなんともおもしろかったです。

今では、YouTubeやTikTokでダンスを披露し、そこから火がついて、スターになっていく人がたくさんいます。でも、そんな方法があることなどまったく見えなかった時代に、「踊りたいから踊る」「自分の場所で踊る」と言えるってすごいなあ。

私は、何かをやろうとするとき、まずは「道」を探してしまいます。

どうしたらうまくやれるのだろう？って。でも、大事なのは「うまくやる」ことではなく、「やりたいからやる」という純粋性なのかも。

個人が発信できるようになった今、「やりたいからやる」が、昔より格段に通りやすくなってきました。自分の心の底にある「衝動」みたいなものと行動が直結したとき、私たちは自分のパワーを最大限に発揮できるのでしょうね。

自分の場所で踊る。このメッセージを受け取ったことが、大きな収穫でした。

9月 26日

母のレシピでカレー作り

久しぶりに母のレシピでカレーを作りました。これが時間がかかる(笑)！ なので、今日は午後から家にいて、仕事もちょっと余裕があるぞ、という日にこの母のカレーを作ります。

まずは、豚バラの塊肉300gを1cm角ぐらいにカットして、フライパンで表面だけをカリッと焼き、800mlの水に入れて弱火にかけておきます。その間に玉ねぎ2個をみじん切りにし、バターで飴色になるまで炒めます。ここが面倒くさいのだけど、おいしくなるポイントなので、じっくりゆっくり炒めます。

飴色になったら、皮をむいて一口大に切ったメークイン、にんじんを投入。玉ねぎと一緒に炒め、ここにカレー粉小さじ4と小麦粉大さじ3を加えます。フライパンの底が焦げつかないようにこそげながらよく炒め、ここに、肉をコトコト炊いていた鍋からスープをお玉で3〜4杯入れてよくかき混ぜます。

すると、ルーのような状態になるので、肉の鍋にすべてを移し、鶏がらスープの素小さじ1〜2を加えて煮込みます。じゃがいもがやわらかくなったら、ウスターソース大さじ1、塩少々で味をととのえてできあがり（母のレシピでは、酢大さじ1と牛乳少々も入れるけれど、私は省略）。

レシピ自体はとてもシンプルです。コトコト煮込んだ豚バラ肉がとろりと溶けて、じっくり炒めた玉ねぎが奥行きのある味わいとなり、とにかく「丁寧に、じっくり」がとびっきりのおいしさに変わります。

普段は、いつもドタンバタンと夕飯を作っているので、このカレーを作るのは、年に1〜2回だけ。でも、これを作ると、毎日夕暮れ時になるとキッチンに立ち、香辛料などを使わずに超保守的な料理を作っていた母の姿を思い出します。

学生時代、私はこの母の横に立って、思っていること、考えていること、悩んでいることなどをボソボソ話したなあ。

母は面倒くさがらずに、よく聞いてくれました。あの体験があったから、私は「考える」という作業が好きになったのだと思います。

9月 27日

小さな声が聞こえる方へ

銀杏のぷっくりとした実がたくさん落ちていました。もうすぐ〝あの匂い〟が秋の訪れを告げてくれる季節ですね。

先日、郵便局に荷物を出しに行ったら、秋の草花の切手が販売されていて、さっそく購入。そんなにマメに手紙を出すわけではないけれど、請求書を送ったり事務的な書類を送るときに、お気に入りの切手があれば、ちょっと相手に「秋ですね」という気持ちを届けられる気がします。

久しぶりに「Daja（ダジャ）」でワンピースを買いました。「ARMEN（アーメン）」のネイビーのボートネックワンピースです。毎回、ダジャからの荷物は、とても美しい形で届きます。薄紙で丁寧に包まれていて、小さなお手紙つき。しかも、必ず「生」の葉っぱつき。店主の板倉直子さんかスタッフのどなたかが、葉っぱを拾いに行かれるのか？　それとも買ってきたグリーンなのか？　枝から葉っぱを1枚切り取ってテープで貼る。どの荷物にも、このひと手間をかけていらっしゃると思うと、尊敬の念に堪《た》えません。

私は若い頃から、どうせならビッグな効果を生まなきゃ、やる意味がない！と思っていました。雑誌のページを作るなら、より多くの人に「あっ！」と思ってもらいたかったし、誰かにプレゼントするなら「すご〜い！」と大喜びしてほしかった。

そして、忙しさの中では、労力に対してそれが小さな効果しか生まないんだったら、「ま、いいか」と切り捨ててきた気がします。ま、いいか、返事書かなくても。ま、いいか、とりあえず送っておけば……。

でも、だんだん歳を重ねると、いつもいつもビッグなホームランをかっ飛ばすなんて無理なんだ、とわかってきました。そして、大きな評価を受けるより、荷物に添えられているお手紙の一言が胸に染み入る年頃になりました。

大雑把で、大袈裟で、大きな声の私ですが、少しずつ〝より小さな声〟が聞こえる方向へチャンネルを切り替えたいなあと思っています。

誰かのために何かをしてあげる、なんて大それたことはできないけれど、季節の切手を1枚貼ることならできる。一言メッセージを添えることならできる。

人と人との交流は、そんな淡い、小さなことでいいんじゃないかと思うこの頃です。

あせらず一歩ずつ

10～12月

朝イチで映画に行ってみた

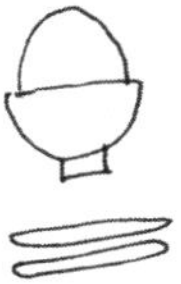

先週の金曜日、珍しく朝イチで映画を観に行ってきました。

私は「起きたてのクリアな頭で原稿を書く」ことにしているので、打ち合わせの予定は、なるべく午後に入れます。なのに、朝イチから出かける、というのは、なんだか高校生が学校をさぼって遊びに行くような、へんな意味での罪悪感があるのです。

でも、最近よく考えるのが、お腹の底でやりたいと思っていることと、行動を直列でつなげる、ってこと。

「〇〇しなくちゃ」を軸にしていると、この「お腹の底にある」本当にやりたいことがなんなのかさえわからなくなってしまいます。

だから、「これ観たい！」と思ったら実際に行く、というのをやってみたというわけです。

観たのは「川っぺりムコリッタ」。「foodmood（フードムード）」のなかしましほさんのインスタで知ったこの映画は、あの「かもめ食堂」の荻上直子《おぎがみなおこ》さんが、監督と脚本を手がけています。

ものすごく感動した、というのとはちょっと違って、観終わった後、あの川っぺりのアパートで繰り広げられる風景が、ぐるぐると思い出されて、じわじわと効いてくる映画です。よかったなあ、と今しみじみ思っています。

物語は、松山ケンイチさんが演じる山田が、イカの塩辛工場で働くことになるところから始まります。そして、社長から紹介されたのが、川べりにある「ハイツムコリッタ」という安アパートでした。

仕事に通って、帰ってお風呂に入り、あがって牛乳を飲むのが何よりの楽しみ。初めてお給料が入った日に、お米を買い、炊飯器でご飯を炊いて食べます。

飯島奈美さんがフードスタイリストとして入っていらっしゃるだけあって、このご飯シーンがなんともおいしそうなのです。ご飯と味噌汁とイカの塩辛だけ、だったりするんですけどね。

ある日隣に住む、ムロツヨシさんが演じる島田さんが、「お風呂貸して」とやってくる。なるべく人と関わらずに生きていきたいと思っていた山田は嫌がるけれど、島田が無理やり入ってしまい、お礼にアパートの庭で育てている野菜をくれます。それから、二人で毎日ご飯を食べるようになる……。ここに満島ひかりさん演じる大家さんや、吉岡秀隆さんが演じる墓石のセールスに回っているという住人が加わります。

いつもお金がなくて、真夏なのにクーラーもなくて、川っぺりで扇風機を拾ってきて、毎日毎日同じことの繰り返しなんだけれど、お風呂↓牛乳↓ご飯を炊く↓二人で並んで「いただきます」と食べる。そのささやかな幸せの確かなこと。公式サイトには、こんなふうに書かれています。

「生き方や働き方が見直される今、モノや境遇、場所にとらわれない形での生きることの楽しさ」

映画を観終わって、幸せって、淡くていいんだ……と思いました。人と人の関係も、長く、深く、と思うと、そうできないときに寂しくなるけれど、一緒に炊きたてのご飯を食べるだけ、のような淡いつながりを大事にしていく、ならできそうな気がする。

「ムコリッタ」とは、「死」と「生」の間にある時間の単位なのだそう。観終わった後に、家に帰ってご飯が炊きたくてたまらなくなる。そんな映画でした。

10月 4日

100均ブラシLOVE

先日久しぶりに100円ショップに行きました。

ぐるぐる見てまわると、あっという間に時間が経って疲れてしまうので、行く前はいつも、目的のものだけ買ってさっと帰ろうと思うのに、ついつい「へ〜」「ほ〜」と近くの棚をチェックしてしまいます。

今回買いに行ったのは、洗面所で使うブラシでした。お風呂の床の目地《めじ》が黒ずんできたときに使う山切りカットのようなブラシがとてもよくて、これを洗面所の排水口の網を洗う際にも使っておりました。でも、わざわざバスルームから持ち出してくるのが面倒で、洗面所専用のものを近くに置いた方がいいかも、とひと回り小さなものを探しに行ったのです。

目当てのブラシがすぐに見つかり、「よし!」と手に取ったとき、ふと、横の棚を見たら……。そこにあったのが、レールなどの細い隙間専用のブラシです。お風呂の出入り口のレールって、ちょっと気を抜いていると、すぐ汚くなってしまいます。放っておくと、黒い汚れがこびりついて、取れなくなる。こまめに掃除をすればいいのですが、いつも「あちゃ〜」と後悔します。そんなレール専用と聞いて、よっしゃ、これはお風呂のレール専用にしよう！と買ってみました。

これが、想像以上に効果抜群。ブラシの先がシリコン（ゴム？）みたいな質感で、こするだけで、汚れをググイッと取ってくれます。

「お〜、よく落ちるわ〜」とブラシ片手に感動しました。

100円のブラシが1本加わっただけで、ワクワクする。これだから、暮らしの工夫って楽しいんですよね。今度はこれを、どこに吊り下げておくか、定位置を試行錯誤しようと思っています。

10月 10日

蒸し料理、その後

先日、蒸し料理をよくするようになったことを書きましたが、あれからも、いろんなものを蒸しています。

昨夜は、タラと金目鯛を蒸しました。これまでは、酒蒸しやホイル蒸しをたま〜にする程度で、「魚を蒸す」ということをあまりやったことがなかったのですが、シンプルに、オーブンシートを敷いて塩と酒をふりかけて蒸すだけでこんなにもおいしいんだ！と知りました。

焼き魚よりふっくらと仕上がるし、焼き加減や焦げを気にすることなく、とにかく、蒸籠に入れて火にかけて5〜6分放りっぱなしにするだけで完成！　これは、超ラクチンです。

先日のなすのように、ごま油と塩だけでもいいし、昨日は、ねぎとしょうがをみじん切りにし、醤油、酢、ごま油と混ぜて蒸したてにかけていただきました。豆板醤など、ちょっとピリ辛にしてもおいしいかも。これに、肉じゃがと、れんこんと豚肉の黒酢炒め、胡麻豆腐で晩ご飯でした。しばらくは、あれこれ蒸してみようと思っています。

10月 11日

寄り道力アップ大作戦

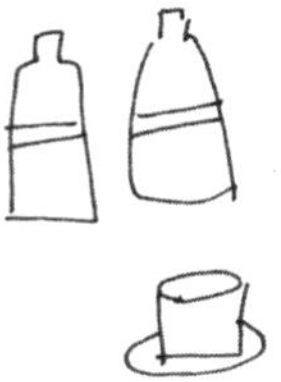

あそこに行くついでに、近くのあの店と、あのギャラリーをのぞいてこよう。私は、そんな〝寄り道力〟がとても弱いです。

打ち合わせで出かけるとしたら、その打ち合わせのことで頭がいっぱいになってしまう……。打ち合わせ前に片づけておかなくてはいけないタスクのことで、アップアップになってしまう……。打ち合わせが終わると、帰って何のご飯を作るかが気になってしまう……。

これは、私が基本的に体力がないからなのかも。「え～、イチダさん体力あるでしょ！」と言われそうですが、実は若い頃から、瞬発力はあるけれど持久力がなく、学生時代は朝礼のとき貧血で倒れるタイプでした。だから無意識に、体力を温存するために、プラスαの寄り道を避けて家に帰りたくなるのかもしれません。

ところが、昨日は打ち合わせと打ち合わせの合間に、3つもの寄り道をしました。まずは、ちょうど恵比寿で用事があったので、一度行ってみたかった洋菓子店「LESS（レス）」へ。ここのクッキーサンドイッチを食べてみたかったのです。焦がしバターやブラウニーのクッキーとバタークリームを合わせたクッキーサンド。甘すぎず、軽くて、とってもおいしかった。

ついでに恵比寿といえば、「今度買いに行こう」と思っていた、あのコールドプレスジュースの「サンシャインジュース」があることを思い出し、お店までテクテク。知人にプレゼントする用にその場で作ってもらったものと、自分用に冷凍タイプを買いました。

さらには、水道橋に移動して、東京ドームで開催されていた「ハンドメイドマルシェ」へ。ライター塾サロンの生徒さんが出店されているのです。最近、オンラインでしか開催していないので、ライター塾仲間に実際に会えることで、ぐっと距離が縮まった気がしました。

は〜、よく歩きました。やっぱり、その場に足を運ばないとわからないことがたくさんあります。必要なことを片づけるだけの毎日ではなく、必要なこととの「前」と「後」につながる時間を味わえるようになりたいなあと改めて思った一日でした。

10月 17日

誰かにちょっと甘えてみる

出張で北海道に行っておりました。日帰りでも行けたのですが、往復航空券よりも1泊付きの出張パックの方が安かったので、前日入りをして、知り合いにあちこち案内してもらいました。

実は、こんなことは珍しいのです。

「北海道に前日から行くから、どこかいいところに連れて行ってもらえませんか〜？」ってことが、なかなか言えない……。

「あの人も忙しいし」

「車出してもらうなんて悪いし」

「こっちの都合に合わせてもらうなんて、申し訳ないし」

など、いろんなことを考えすぎて、人に甘えることができません。

でも、今回は「あの人ならきっと大丈夫」となぜか思えて、「今度取材で行くんですよ〜。ちょっと会えたらうれしいです」とだけ伝えておき、前日に「昼間、空《あ》いていますか？」とやっと言えたのでした。

私のまわりには、すぐに誰かと仲良くなって、その人の家に泊めてもらったり、どこかに連れて行ってもらったり……と楽しんでいる友人たちがたくさんいるというのに、いざ自分がとなると、なかなか「お願い～」と言えません。

でも、今回思い切ってお願いしてみて、札幌から足を延ばして、素敵なカフェや、焼き菓子屋さんに連れて行ってもらい、その間に、たくさんいろんな話をして、なんだか普段とはまったく違うひとときが過ごせたなあと感じています。

今回連れて行っていただいたのは、札幌から車で1時間ほどの長沼というところ。カレー屋さんの「シャンディ ニヴァース カフェ」と、「三好焼菓子店」を訪ねました。どちらも、広大な畑に囲まれたぽつんと一軒家で、古い家を改装した店舗が本当に素敵でした。行き帰りの車の中からは、紅葉し始めたばかりの、北海道の短い秋の風景を楽しんで。

「こうしなくちゃ」「自分ができることは、自分でやらなくちゃ」という思いを手放し、誰かに甘えてみると、見える世界が変わるかも――そう思えた旅でした。

10月 18日

スプレーボトル選びって、難しい

出張続きでずっと夫に任せっぱなしだった自宅の掃除をあれこれ手がけるうちに、あれ？と気づきました。お風呂や洗面所を掃除するときに使う洗剤がない！

「ああ、あれさあ、スプレーのボトルが壊れたんよ」と夫。

「ああ、また〜？」と私。

以前使っていたのは、「エコベール」のスプレーボトルでした。中身はちょっとリーズナブルな「緑の魔女」。この「エコベール」のスプレーボトルが、プシュッと洗剤が遠くまで飛んでとても使いやすいのです。でも、残念ながら、ボトルのどこかが壊れたり、スプレーができなくなって、1年はもたない……。それで、「エコベール」を買って1本使い切った後は、「緑の魔女」を詰めて使うということを繰り返していました。

いいスプレーボトルはないかなあと思っていたときに、たまたまスーパーに行った帰り道、キッチングッズの店で、いいものを見つけました。

シンプルな黒のスプレーボトルです。デザインに一目惚れ。1000円ちょっとと少々お高いのですが、マグネットで洗濯機の横にパチッとくっつけることができます。ただ、スプレーボトルって、試しに使ってみてから選べないのがつらいところ……。

もうちょっとシュッと洗剤が勢いよく出ればもっといいのになあと思いつつ、しばらく使い続けて、また次に新しいものにチャレンジしてみようと思います。

10月24日

日曜日の夜のささやかな発見

庭のホトトギスが咲きました。東京は朝から曇り。かさこそ落ち葉を踏みながら、ウォーキングに行って、拭き掃除をして、洗濯機を回し、今パソコンに向かっています。

この週末はライター塾でした。朝10時から夕方5時過ぎまで。一生懸命しゃべって、みなさんが書いてくださったものを読んで添削し、それを伝えて……。全力を出し切るので、終わったときはクタクタに。それでも、土曜日はどうしても夕飯に餃子が食べたくて、そこからせっせとあんを作って包んで、焼いて。「もっと簡単なものでええやん」と夫に言われながらも、「いや、食べたいんだもん！」と焼き上げて、いただきます！

好きなものを食べるって、一番の疲労回復になる気がします。食べ終わったら、洗い物は夫に任せ、食卓の横で寝落ちして爆睡しちゃいました。

餃子を作るときって、あんの量と皮の枚数をぴったり合わせるのが難しい。私はいつも、どうしてもあんの方がちょっぴり余ってしまうのです。毎回、じゃあ、これ明日ハンバーグにして食べようかなあと思うのですが、なんとなくやる気にならず、いつの間にか冷蔵庫の中で忘れ去られて、「あちゃ～」と思い出す……という繰り返しでした。

そこで、日曜日は餃子のあんを、ピーマンの肉詰めに使ってみました。余ったあんをピーマンに詰めて焼くだけ。ちょっとしか余っていなかったけれど、詰めてみたら4個分できました。

餃子味のピーマンの肉詰めってどうよ？と恐る恐る食べてみたら、これがなかなかいけました。これからは、この方法で使い切れます。

その夜、NHKの「クラシック音楽館」で、小澤征爾さん率いるセイジ・オザワ松本フェスティバルの特集をやっていました。その中で、海外から参加したフルート奏者の方の言葉がとても印象的でした。

小澤さんは、世界各国の演奏家が集まる中でも、英語ではなく日本語で話すそうです。それでも、「彼が何を求めているかすべてわかるんです」と。

「彼を尊敬しているから、みんな自分をオープンにして、まるでスポンジのように彼の要求をすべて吸収し、こたえているんです」と。

うわ〜！　言葉がわからなくても、自分をオープンにすれば受け取れるんだ。このことにすごく感動したのでした。

先週、母の具合が少しよくないことがわかり、朝ウォーキングに出かけても、なんだか心が晴れませんでした。ひとつ心配事があると、世界全体がワントーン暗くなったような気がします。

でも、深呼吸して、まわりで起こることを信頼して心を開けば、たとえ、大変な状況の中でも、ほんの小さな「いいこと」とつながれるかもしれない。そう思うと少し元気になれました。

悪いことが起こると、どうしても自分の殻を固く閉ざして、明るい光にさえ反応できなくなります。そんなときほど、息を深〜く吸って、吐いて、自分の扉を大きく開け放てばいいのかもしれない。まわりをふわふわと舞っている「いいこと」の粒をいっぱい取り入れられるように。

11月 1日

クローゼットの冬支度、始めました

昨日は朝早くから車で外出しました。秋晴れの青い空、葉っぱの色が少しずつ変わってきた並木道、朝の光、通勤の人の姿、J-WAVEから流れる朝のジャズ。「わ〜、〝今〟って完璧な時間じゃん！」と思いながら運転していました。

いつもなら、書斎でパソコンに向かっている時間。一歩外に出てみたら、こんなにキラキラ輝く時間があるものなんだと、「動いてみる」ことの大切さを感じた朝でした。

そろそろセーターやウールのパンツを出してこないといけないなあと思いながら、ずるずると、なんとなく「夏の延長」のクローゼットのまま過ごしておりました。そこで、まずは自分にエンジンをかけるためにお買い物。

パーマネントエイジ（Permanent Age）のオンラインショップで、天竺《てんじく》の半袖Tシャツを買いました。え？　半袖？　今ごろ？って思うでしょう？　ふふ。これが、これからの時期に必要なのです。

パーマネントエイジのTシャツのすばらしさは、「襟ぐり」にあります。ちょっと詰まって首にぴったり沿う形。でも、決して窮屈ではない。洗濯しても首元がよれない。

これを、カシミアのセーターなどを着る際に下に重ねます。すると、クルーネックのセーターから、ほんの少しだけ「白」が見えます。この分量も完璧なのです。

私はずっと、「せっかくカシミアで肌触りがいいんだから」と一枚で着ておりました。でも、ネイビーやグレーなどが多いので、どうしても顔がくすんで見える……。そこで、数年前から顔に一番違い位置に「白のライン」をプラスすることに。それに使うのがこのTシャツというわけです。2枚を買って、クローゼットにプラス。

そしてついに、クローゼットの衣替えを。と言っても、わが家では押し入れにポールを2本取りつけ、手前（季節のもの）と奥（季節外のもの）に分けて吊るしているので、その前後を入れ替えるだけです。まだ完全に冬仕様にはできないので、セーターとシャツ、ウールとコットンや麻のパンツとまざり合った状態になっています。この時期が一番ぎっしり詰まっているかも。

さらに、ずっと気になっていた、クローゼット下の引き出しも整理。引き出しが3段しかないので、お恥ずかしいほどギューギュー詰め。思い切って、半分ほどを処分することに。やっとスムーズに出し入れできるようになり、すっきり。

上段のクローゼット内も、ちょっとずつ着ないものを手放して、減らしたいと思っています。身軽に、ラクに、欲張らず……。たかがクローゼットですが、その空間をどう使うかは、暮らしの姿勢を決めることにつながるなあと思います。

11月 3日

毎日5分だけ、明るい未来を想う

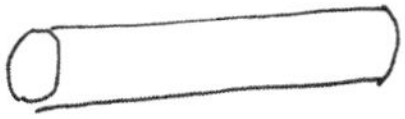

先日ラジオを聞いていたら、ミュージシャンの家入《いえいり》レオさんが、朝の習慣についてお話しされていました。家入さんは、毎朝必ず瞑想をするのだとか。よく「瞑想をする」というフレーズを聞くので、「ああ、この人もね〜」と思いながら聞き流していたら、途中から「むむっ！」と話に引き込まれていきました。

まずは、「骨盤職人」という木製のツボ押しを腰に当てて寝転がり、15分間そのまま、楽しい自分の未来について考えるそう。心配事があっても、うまくいかない仕事を抱えていても、誰かとけんかしていても、その15分だけは、明るい未来について思いを馳せる……。

わあ、いい習慣だなあと思って、さっそく真似してみることにしました。「骨盤職人」は持っていないので、毎朝のストレッチの最後に、ストレッチポールに寝転がって、15分は難しいから5分だけ。

心配事があると、ついそちらへ思考が引っ張られそうになりますが、「いかん、いかん」と未来の楽しい自分を想像してみます。

私は、ペシミストのペシミッ子。ものごとを悪い方へ、悪い方へと考える癖があるので、この「明るい5分」はなかなか有効！

森の中、あるいは、海辺に小さな平屋があって。そこで、野菜を育てて、パンを焼いたりジャムを作ったり。そして、日の差し込む窓辺で、ちょっとだけ原稿を書いて――そんな夢をふくらませてみます。

まだ未来がぼんやりして、まったくピントが合っていないのですが、毎日これを続けたら、自分が本当にやりたいことにフォーカスできるようになるのかな？

毎日バタバタと目の前のことに追われていると、自分の心の芯の部分で、「いったい私は何をしたいと思っているのだろう」ということさえ、わからなくなってきます。

私は本当に仕事がしたいと思っているのかな？　まったく別の土地に住んだら、どうなるのかな？　当たり前だと思っていた前提をひっくり返してみたら、すぐ横に、まったく違うもうひとつの道があることに、ハッと気づくかもしれない。

今のところ、私がストレッチポールの上で見る夢は、毎日同じで、そこからなかなか先へ進むことができません。でも、しつこく毎日続けていたら、いつか、どこかにフォーカスが合うのかもしれないなあ。

そんなことを思うこの頃です。

11月 5日

鉛筆を持ちながら本を読む

私は本を読むとき、「これは完全保存版だな」と思ったら、鉛筆を持ち出してきます。そして、いいなと思ったフレーズに線を引きながら読みます。最近、鉛筆を握りしめながら、「ああ、なんていい本だろう」と読んだのが、東《とう》畑《はた》開《かい》人《と》さんの『聞く技術 聞いてもらう技術』(ちくま新書)でした。

「まえがき」には、「聞く」と「聴く」という使い分けが書いてありました。ああ、「聴く」っていう方が大事、って話よね……と思いながら読んでいると、これが大違い！ この違いを東畑さんはこう書いていらっしゃいます。

「『聞く』は語られていることを言葉通りに受け止めること、『聴く』は語られていることの裏にある気持ちに触れること」

その上で、こう書いていらっしゃるのです。

「どう考えたって、『聴く』よりも『聞く』のほうが難しい」

どうしてかと言うと……。

「つまり、『なんでちゃんとキいてくれないの？』とか『ちょっとはキいてくれよ！』と言われるとき、求められているのは『聴く』ではなく『聞く』なのです。そのとき、相手は心の奥底にある気持ちを知ってほしいのではなく、ちゃんと言葉にしているのだから、とりあえずそれだけでも受け取ってほしいと願っています。言っていることを真に受けてほしい。それが『ちゃんと聞いて』という訴えの内実です」

は〜、なるほど！と思いました。世の中では、話を聞くことができずに困っている人たちと、話を聞いてもらえずに苦しんでいる人たちが、とても多い……。

そして、問題はここにある、と東畑さんは綴っています。

「『聞く』が不全に陥るとき、実際のところ、僕らは聞かなきゃいけないと思っているし、聞こうとも思っています。それなのに、心が狭まり、耳が塞がれてしまって、聞くことができなくなる。自分ではどうしようもできなくなってしまう。これこそが、問題の核心です」

そして。続く3行に私はしばし呆然としてしまいました。

「ならばどうしたらいいか？　結論から言いましょう。聞いてもらう、からはじめよう」

そうか、心が狭まり、聞くことができなくなってしまったときは、誰かに聞いてもらえばいいんだ……。それは、とてもやさしい、ほっとする言葉でした。私、人に話を聞いてもらえばいいんだって。

でも実は、これが苦手なのも事実です。どうしても「自分でちゃんとしなくちゃ」と思ってしまう。でも、東畑さんはこう言われます。

「あなたが話を聞けないのは、あなたの話を聞いてもらっていないからです。心が追い詰められ、脅かされているときには、僕らは人の話を聞けません。ですから、聞いてもらう必要がある。話を聞けなくなっているのには事情があること、耳を塞ぎたくなるだけのさまざまな経緯があったこと、あなたにはあなたのストーリーがあったこと。そういうことを聞いてもらえたときにのみ、僕らの心に他者のストーリーを置いておくためのスペースが生まれます」

ああ、私は誰かに話を聞いてもらおう。「悪いから」なんて言わずに、「ねえねえ」と声をかけてみよう。そうやって、自分の心がちょっと軽くなったら、私は、誰かの話を聞けるようになるかもしれないから。そう思いました。

鉛筆で線を引き、すべての言葉が自分の中に染み込んでいくのを感じながら読了しました。こんなにも一文一文が、力となり、明日の役に立つ……。私もこうやって、どこかの誰かのお役に立てる文章が書けるようになりたいと思った一冊でした。

11月 8日

実家で、窓の桟を拭く

出張で関西へ来ています。新大阪駅から、実家の最寄駅までのJR神戸線の車窓の風景は、若い頃に何度も見たもの。ずいぶん変わってしまったけれど、それでも、あちこちに、あの頃の記憶が残っている風景って、理屈抜きにほっと心を安らかにしてくれます。

取材の1日前に実家に到着し、母の手伝いを。押し入れの奥の方から冬物のパジャマを取り出したり、寝室のカーテンを冬物に替えて、夏用を洗濯して干したり。ああ、もっと近くに住んでいたら、「ちょっとお願い〜」って声をかけてもらって、すぐに駆けつけられるのになあ、と毎回思います。

本日の母の最後の「お願い」は、窓の外の桟《さん》を拭いてほしい、というものでした。以前は週に一度、網戸を拭くついでに桟を拭いていたそうですが、最近は体が思うように動かず、このルーティンは泣く泣くあきらめたそう。

母の用意していた専用のシートで室内から拭いていたら、どうしても手が届かないところがあり、「あそこは無理だからいいよね」と言うと、「外から拭いて」とおっしゃる！　そこで、マンションの廊下に椅子を出し、1本ずつ上から下まで桟を拭きました。私一人だったら、ぜったいこんな丁寧なことしないなあと思いながら。

体が思うように動かなくなって、以前のように掃除は行き届かなくなったけれど、それでも実家に帰ると、わが家よりずっと隅々まできれい。母は「ちょっと動くと疲れて……」と言いながらも、どうしても気になって、やってしまう。私は「もういいじゃん」と言うのですが、母の中には「これがきれい」という方程式が組み込まれていて、それを満たさないと気持ちが悪いそうです。

成果を出すとか、誰かに褒められるとか、そんな「外の軸」はまったくなく、ただただ、自分と家族が気持ちよく暮らすために、あれこれ工夫する……。

どこか遠くの、あるかないかわからないものではなく、手を動かして、必ずきれいになる日々の営みを、自分の仕事とする。その力強さを思うと、ああ、シアワセってそういうことなんだよなあと思います。

11月 10日

発想の大転換を

毎朝掃除をするときに、ポッドキャストで「コテンラジオ」を聞いています。さかのぼって、一番最初から聞いているので、今やっと2021年の夏に追いついたところ。

「歴史をおもしろく学ぶ」というこのラジオ。ひとつのテーマが4～5回に分けて放送されるのですが、ワンテーマ終わった後に「番外編」という回があります。これがまたおもしろい。毎回まったく違ったトピックで、時にはゲストを呼んでお話を聞くことも。

先日のゲストは、「クリエイタークリエイター」という肩書きの中村俊介さんでした。「クリエイター」を「クリエイトする」のがお仕事、という意味です。『「しくみ」で世界を笑顔にする』ことをミッションにした「しくみデザイン」という会社の代表をされています。

この中村さんが開発した「KAGURA」という楽器アプリがあるそうです。私はこのジャンルはまったく知らないのですが、世界的にもめちゃくちゃ有名らしい。これは、中村さんご自身が、ギターを弾いてみたくて仕方がないんだけれど、でも、練習するのは嫌で、挫折した経験から生まれたものなのだとか。

このアプリを使えば、楽器を弾いたことがない人も、テキトーに体を動かすだけで、音楽を奏でている風になるらしい。つまり「楽器を弾きたいなら練習して弾けるようにならなくてはいけない」という常識を取っ払ったということ。

楽器を弾いてみたい人が欲しい体験は、「練習する」ではなく、「楽しく弾いている感覚」です。そこで、ハードルをぐんと低くして、とにかく体を動かせば音楽が奏でられるという「しくみ」を作ったというわけ。

この思考回路って新しいなあと感心しました。私などは、「何かを手に入れるにはガンバラないと」と思いがち。つまり「ガンバラないと、手に入らない」という思考回路です。

でも、新しい人たちの考え方は、「ガンバラなくてもいいじゃん」「楽しいところだけを手に入れればいいじゃん」というもの。

もちろん「ガンバル」というプロセスの中には、発見や楽しさもいっぱいあると思うけれど、「本当に欲しいのは何？」と問うことは、とても大切だなあと思いました。

「ない」ものを生み出すって、こういうドラスティックな価値観の転換からなのですね。

これ、私たちの日常生活でも使える発想の転換だなあと思います。

「○○しなくても○○できる」という転換。たとえば――


「レシピを見ないでも料理が作れる」

「こまごま片づけなくてもすっきり暮らせる」

「きちんと食べても痩せられる」など。

○○を手にするためには、絶対にこの道を通らなくてはいけない、という思い込みを手放してみたら、びっくりするほどの、価値観の転換が訪れるかもしれません。

11月 12日

「どっちが正しい?」を飛び越える

仕事をしていると、いろんな事件が起こります。実はワタクシ、人と意見が食い違うということに、とっても弱いのです。

自分が提案したことに「それ違うと思う」と言われたとき。

書いた原稿について、「言っていたことと違う」と言われたとき。

イベントを開いて「もうちょっとこうだったらよかった」と意見をいただいたとき。

自分がやったことすべてが正解だとは限らないし、世の中の人、すべてが同じ意見になるわけでもない。いろんな意見の人がいてこそ、多様性が生まれるし、自分と違う視点を知ってこそ、自分の幅を広げることができる……。

頭では、ぜ〜んぶわかっているのです。でも、「それちょっと違うんです」という一言で、毎回ど〜んと沼に沈んでしまいます。

ああ、私ったらなんにもわかっていなかったのかしら。あの人は、私の世界観が気に入らないのかしら。そう思ったら、どんどん暗く悲しくなってきて、ぐるぐる同じことを考えてしまう……。

最近、ちょっと変わってきたのは、苦しいこと、つらいことに出会ったら、そこから何かを学ぼう、と思うようになったこと。今回も、どうしたら「違い」を受け止めることができるのか、その方法が知りたい！と思いました。

そこで、たまたま仕事の打ち合わせや取材で出会った人に聞いてみました。

「違うって言われたとき、傷つきませんか？」って。

続けて二人の人にそう問いかけたら、なんと二人から同じ答えが返ってきました。

「傷つくっていうよりも、だったらどうする？って、その解決策を考える方が大事だと思うなあ」

なるほど〜。でも、それはわかっているんだけどね……。

そこでまた考えました。どうして、私は彼女たちみたいに考えることができないんだろう。解決策は考えるけれど、考えながらも落ち込むのはどうしてだろう。

彼女たちは、「その先」を見ていました。でも私は「違い」の場所から動くことができなかった。その理由を考えていくと……そっか！

とひとつ思い当たりました。

私は「違い」を認めたくなかったんだって。つまり、私とあなた、意見が違うけれど、「私の方が正しいのに」ってどこかで思っていたんだって。

彼女たちは、「どっちが正しい？」なんて飛び越えて、その先にある「じゃあ、どうすればうまくいく？」という道へジャンプできていました。でも、私はずっと「私が作ったこれ」を手に持って「これがいいんだもん」「正しいんだもん」と言い続けていたかった……。それが自分自身を苦しめていたんだと思いました。

つまり、苦しさから逃れるための方法は、「自分の正しさ」を手放すということ……。

私はがんばって、「これ」を作り上げたけれど、「これ」がすべてではない。「これ」が正しいって思っていたけれど、ほかの誰かにとっては「正しくない」こともある。

そのことを素直に認められる人間になりたいです。次に「違い」が目の前にやってきたとき、まずは自分の正しさを手放すこと！とおまじないのように唱えてみようと思います。

11月 14日

ついに私も……

始まりは、喉の痛みからでした。

仕事から帰ると、喉が痛い。ちょっとだるい。でも、熱はなく、「風邪かな？」といった感じ。私は喉が弱いため、喉から風邪が始まることが多かったので……。

ただ、夜になると37度ほど熱があり、体の節々が痛くてだるくてたまらなくなりました。

「あれ？ これはちょっとおかしいかも」

そう思って、すぐに近所の病院のホームページを調べ、「発熱外来」に予約を入れました。このとき、「もうちょっと様子を見てからにしよう」ではなく、すぐに行ってみたのがよかったと思っています。

発熱外来ってどんなものだろう?と、ちょっとドキドキしながら行ってみたら、完全予約制なのでほかの患者さんがいない、というだけで、病院の受付の方も、マスクとエプロンをして普通にいらっしゃいました。先生に診ていただき、「喉が真っ赤だねえ。可能性はあるねえ」と言われました。

その後ＰＣＲ検査を受け、陽性だったことを前提にした薬を出していただき、もし陽性だったら……の書類をいろいろいただいて帰りました。このとき私は、熱はないし、風邪なんじゃないか？と思っていました。ただ、夫もすぐに同じ症状になり、「だとすればやっぱりそう？」と思ったり。

翌日、病院の先生から電話があり、「陽性ですね」と告げられました。「あ〜あ」と脱力……。というのも、取材の予定がたくさん入っていたからです。

とにかく、まずは濃厚接触かもしれない方々に連絡を入れました。「本当にごめんなさい」と謝って、検査に行っていただくようにお願いしました。さらに、仕事関係の方々に連絡。

このとき、「わあ、それは大変。仕事はなんとかなりますから、まずはお体をお大事に」という一言が、なんてうれしかったことか！

特に、『暮らしのおへそ』を一緒に作っている二人は、すぐに動いてくれて、「出張代わりますよ」「撮影は私たちで行きますから大丈夫ですよ」と言ってくれて、心強かったです。

自分が担当じゃない案件を引き受けるって、すごく気が重いと思うのです。さらに、スケジュールを変更するって本当に大変だし、「これから」のことを考えれば考えるほど「あちゃ〜！」って思うはず。

でも、そんなあれこれをぐっと飲み込んで、

「いやいや、大丈夫ですよ」

「こればかりは仕方ないことですから」

「まずは体をお大事になさってくださいね」

という言葉をかけてくれるって、当事者になってみると、体も心も弱っているから、本当にうれしいものなのだとしみじみ思いました。

朝、ウォーキングに行けないし、ストレッチもしないので、いつもより1時間遅くまで寝ていました。いつもの時間に目が覚めてしまうのだけれど、もう一度ウトウト……。ぬくぬくの布団の中でごろごろしていると、ああ、ちょっとはこうやって自分を甘やかしてあげるのもいいなあと思いました。

11月 21日

自宅療養生活、終わりました

感染判明から1週間、ようやく自宅療養生活が終わりました。

療養明けに、まず出かけたのは、いつものウォーキング。すっかり日が昇るのが遅くなり、真っ暗な中を、いつもよりゆっくりめにスタート。朝の空気を思いっきり吸って。久しぶりに見る朝日に、改めて「いつも」のすばらしさを感じました。

驚いたのは、落ち葉が道一面にいっぱい散っていたこと。1週間出ない間に、確実に季節は先に進んだのだなあと思いながら、落ち葉をカサコソ踏みしめて歩きました。

今回の療養生活で感じたことを、忘れないうちに、ここでまとめてみます（ただ、自治体によって対応が違うと思うし、あくまで私の個人的感想です）。

1．「おかしいかも？」と思ったら、病院の発熱外来へ

今回、まず最初に病院の発熱外来に行ったのがよかった。後から知ったのですが、街中《まちなか》のＰＣＲ検査で陽性になると、外に出られなくなな

ってしまうそう。私の場合は病院の発熱外来に行ったので、ＰＣＲ検査をすると同時に薬も出していただけました。

２．ネットスーパーを利用するときは、買いすぎに注意

初めてネットスーパーを使ったので、「あれも」「これも」とつい買いすぎ、冷蔵庫がパンパンに。しかも、ずっと家にいるので、そんなにお腹が空かず、夕飯はいつもより少なめ。「もう何もない」と思っても、冷蔵庫の残りものでどうにかなるので、買い物は「少なめ」がいいと学びました。

３．お見舞いの贈り物は、なんであっても、すごくうれしい

外に出られないから、食べ物などは実際に役に立つ、という以外にも、「誰かが私のことを心配してくれている」という実感は、とても心強かったです。

4．贈り物は、ちょっとでいい

いろんな人からいろんなものが届くので、賞味期限が長いものが助かりました。すごくおいしかったのは、自分では買うことがない、冷凍のまぐろの漬け丼。解凍してご飯にのせるだけだから簡単で、あとはお味噌汁を作るだけでいいので助かりました。

療養生活後半では、体も少しずつ回復するので、「ちょっとの甘いもの」がうれしかったです。

私は幸い症状が軽かったので、いつものように午前中は原稿を書き、午後からはコンテを書いたり、事務仕事をして、夜は早めに夕飯を食べ、9時半にはベッドに入っていました。

そして、ベッドの中ではいつもより長めの読書を。普段はあまり読まない本＝ゆっくり読まないとよくわからない本、を読みました。

最近読むのは話題の本が中心で、エッセイや、ストーリーがおもしろい小説など、自分が興味を持つ本だけ。でも今回は、一日の流れがゆっくりしていたので、信頼のおける人が紹介している、「じっくり読む」系の本を時間をかけて読みました。

すると、自分が弱っているからかもしれないけれど、ふとしたページで、しみじみとした描写に心が震えて、涙がポロポロ出るのです。ああ、読書ってこういうものだったよなあと思い出しました。ハラハラドキドキとストーリーを追う読書もいいけれど、坦々《たんたん》と進む、自分とはまったく違う世界観の中に、少しずつ分け入っていくのもいい。

人は、歩みを止めてみないと、気づかないこと、見えないことがありますね。

11月22日

夕飯作りが、どんどん手抜きに！

今日から、ウォーキングから帰った後のストレッチを再開しました。ちょっとゆっくりめに。縮こまっていた体をゆっくりほどいて、伸ばして。肩甲骨を回して、股関節を広げて。思ったよりも普通に動くことができて、ほっとしました。

そして、体を動かすと、心も動き始める、ということを実感。1週間の療養生活では、とにかく「休む」「こもる」ことが第一で、心も冬眠していたような気分でした。

ここから、どうエンジンをかけていけばいいのかな？　私、ちゃんと以前みたいに、前向きに頑張れるかな？となんだか不安になっていたけれど、ストレッチをして軽く腹筋をして……と体を動かすうちに、「あ、エンジンがかかってきた！」と突然思ったのでした。

自分で自分の心をコントロールすることはなかなか難しいもの。そんなとき、体を動かしてみることの方がずっと有効。ブルルンと、心のエンジンもかかるような気がします。

1週間自宅にこもる中で、夕飯の作り方がすっかり「手抜き」になりました。体もだるいし、そんなに頑張って作らなくていいよね、と簡単なものばかり。でも、「あれ？　これで十分じゃん！」と思ったのです。

簡単だっておいしければいい。品数も少ない方が疲れないし、おかずもあまらないし、片づけがラク！

最近のヒットは10分でできちゃうタラのバター蒸し。土井善晴《どいよしはる》先生のレシピを自分流にアレンジしたものです。

まずは、フライパンに出汁昆布を2枚敷きます。そこに塩をした生ダラを置いて、バターをのせます。私は、そこにわけぎを大量にトッピング。フライパンのまわりに酒を回し入れ、フタをして蒸すだけ。

これがめちゃくちゃおいしいのです。私は、タラという魚を家であまり料理しなかったのですが、これを知って、タラをよく買うようになりました。バターをのせますが、バターの味はほとんど飛んで、昆布の旨味と適度な塩味が混ざってうまい！　わけぎと一緒に食べると、どちらかというと和風の味です。昆布の上にのせているので、魚がフライパンにくっつかないのもいいところです。

頑張りすぎない、自分を使い切らないっていいなあと、「ラク」なことにすっかり味をしめております。

「今ここ」にないものに、心を向けられる人に

昨日、もやもやと考えることがあり、ウォーキングに出かけても、そのことばかりを考えて歩いていました。そうしたら、いつもなら並木道の先にある、パ～ッと空が抜けて見える場所で昇ったばかりの朝日を眺めるのに、ハッと気づいたら、その朝日ポイントを通り過ぎておりました……。

ありゃ！と振り返ると、ずっと後ろに美しい朝焼けの空。

ああ、そうか……。目の前のことに囚われすぎていると、こんなにすばらしい朝日にさえ、気づかないのね、と改めて思いました。

目の前に心配事や解決しなくちゃいけない問題や、いろんなことが詰まっていたとしても、そのことに心を占領されず、空を見上げられる人になるには、どうしたらいいのでしょうか。

昨日は、吉祥寺の「ギャラリーフェブ」で開催されていた、画家・松林《まつばやし》誠《まこと》さんの展示会に行ってきました。

すばらしい版画の数々をゆっくり拝見した後、松林さんのインスタ

でちらりと見かけて、どうしても欲しかった本を入手。今回の展示会のタイトルでもある「木と星」の作品集です。

この中にたった1ページだけ文章のページがあります。松林さんの手書きの文字で綴られた、その文章にノックアウトされました。「15年間いっしょに居た猫のビーが星になりました」と綴られて、その後、盛岡のギャラリーで宮沢賢治の「注文の多い料理店」の復刻版を手に取ったお話が続きます。

「これまでほとんど読んだことなかった賢治の創作が染みるように入ってきました」

原稿用紙の隅に描いてある木兎《みみずく》や猫の絵に惹きつけられたそう。そして、「賢治の森」が描きたくなったと……。

「そこは賢治の創作のように動物と人間の境界がなく空間や次元の垣

根もない森なので、ビーも好きな木を見つけて大好きな木登りをしているかもしれません」

なんて、しみじみとした文章なんでしょう……。もうここにはいない人に心を重ね、もうここにはいない猫のビーを思い、森の絵を描く。現実の向こうに朝焼けの空を見つけられる人に。今ここにはない賢治の森が見える人に。そういう人に私はなりたい、と思ったのでした。

11月 28日

ポタージュスープのおいしい季節です

庭のナナカマドの実が赤くなってきました。もう11月も終わり。今年は比較的暖かい日が多くて、古くて寒い家に住んでいる私も助かっています。高い空は美しくて、木々の葉っぱの色も濃くなっていく、冬ならではの風景が大好きです。

さて。私は、朝ご飯はフルーツのみで、家で仕事をする日は、昼にトーストとスープという朝食のような昼食をとります。夫に「よく飽きないね」と言われるほど、毎日同じでも大丈夫。

ですが、半年に一度ほど、作るスープを変えたくなります。野菜たっぷりのスープが基本形なのですが、夏の間はトマトを入れたスープでした。秋になると、トマトをやめて、豆乳を入れて。

そして、その日はやってきました。1週間ほど前から、もう少し優しい、ぽってりとしたポタージュがいいなあと思うように。体が本調子ではなかったから、胃に優しいものを、体が自然に求めたのかもしれません。

そこで、ポタージュスープにチェンジ！　じゃがいもで作ると、ちょっと重たくなるので、あっさりしたかぶのスープが好きです。とろみをつけるために、少しだけさつまいもをプラスしました。

まずは、ベーコンと玉ねぎを炒め、そこにスライスしたかぶとさつまいもを少し入れます。水と塩麹を入れて蒸し煮に。野菜がやわらかくなったら、ブレンダーでつぶします。ここに豆乳を加えて、みじん切りにしたかぶの茎を入れてできあがり。

かぶの風味たっぷりのポタージュスープのおいしいこと！　ふーふーしながらいただきました。

しばらく私は、毎日これを食べ続けることでしょう。かぶの代わりに、かぼちゃやにんじんにしてもおいしそうです。

かぶのポタージュスープ

材料……かぶ大きめ1個、かぶの葉適量、さつまいも3㎝ぐらい、玉ねぎ1/4個、ベーコン1枚、塩麹大さじ1、豆乳100ml

作り方……ベーコンは細切り、玉ねぎは薄切りにし、オリーブオイルで軽く炒める。さつまいも、かぶを薄切りにして加え、水1カップ、塩麹を加える。フタをしてやわらかくなるまで15分ほど煮る。ハンドブレンダーでつぶし、豆乳を加えて温め、みじん切りにしたかぶの葉を散らす。

12月 5日

軽やかな「お返し」って、難しい

今日も、カサカサと落ち葉を踏んで朝のウォーキングに行ってきました。落ち葉の匂いがぷ〜んとして、いい気持ち。コロナの後遺症もなく、元気に過ごしています。

さて、今、いただきものへの「お返し」をどうするか、考えています。「お返し」って本当に難しい。お祝いやお見舞いを送るときは、「これおいしそうだから〜」「いいもの見つけちゃったから〜」と、ワクワク楽しみながら選べます。でも、いただいたものに対して「お心遣いありがとう」と、何かを「お返し」したいとき、いったい何をお送りしたらいいのだろう。

お礼状をお送りするだけで十分なのかな、とも思うけれど、たとえば自宅療養中のとき、誰かに気にかけてもらうことが心に沁みて、どうしてもお礼の気持ちをもう少し伝えたいなあと考える。そんなとき、いったい何を選んだらいいのか……。

「ほんの気持ち」と何かを送ってくださって、それに対して同じぐらいの価格のものをお返しするのも、どうだかなあと思ってしまう……。

かといって、やっぱり相手に喜んでいただけるものを送りたい……。このお返しの「軽やかさ」というのが難しいのです。

さんざん迷ったあげく、私は「コロモチャヤ」で見つけた、とってもいい香りのリップバームを選びました。それと、バスソルト。お店のスタッフさんが、私がケーキをいただいている間に、手早く素敵に包装してくださいました。

こうして、私の手から「お礼の気持ち」が旅立っていきました。喜んでいただけるかな？

イライラするのは、「時間」より「量」がオーバーしているから

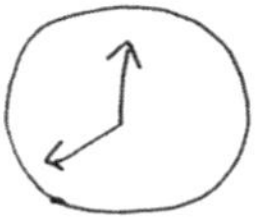

ここ数日、ずっときれいな朝焼けでしたが、今日の東京は曇り。それでも、寒い中エイッとウォーキングに出かけ、真っ暗な空が、グレイッシュに明るくなっていく様子もきれいだなあと見上げました。いよいよ師走です。

私は、『暮らしのおへそ』の原稿執筆が終わるまで、クリスマス気分も年の瀬気分もおあずけ。毎日原稿と向き合う日々です。

この1か月、インタビューのための本ばかりを読み続け、難しくて、なかなか頭に入らず、それでも読み進め……を繰り返しておりました。「は～、好きな本を読むって楽しいわ～」と半身浴をしながら、お風呂のフタの上で、夜寝る前にページをめくっています。

私は、かなりの締め切り恐怖症です。この時期にも、どうしてもの取材や打ち合わせが入ることも。できれば、午前中は家でぐっと集中して書きたいのに、それができずにイライラすることも……。

若い頃は、締め切りギリギリに徹夜で仕上げたこともあったけれど、あの、「時間がない」「でも書けない」「朝がしらじらと明けていく」

というストレスが、何より嫌なので、この頃は余裕をもって原稿を書く日を設定しています。

「いつまでに○○を仕上げなくちゃいけないのに、まだこれだけしかできてない！」って、一番気分が下がります。「時間」と「やらなければいけない量」と「気持ち」のバランスをとるのは難しい。イライラの原因は、だいたいが「時間」に比べて「量」がオーバーしているから。

それを解決するのが、早めにスタートを切ることです。一日1本書き上げれば、間に合う。そう計算して予定を立てておけば、今日の1本が終わると心が穏やかになって、また朝がくれば、1本分だけ頑張ればいい。この数式がうまく回り出すと、一日一日が積み重なって、だんだんゴールに近づく過程を、パズルの絵が完成に近づくように実感しながら味わうことができます。

歳を重ねるたびに、その道中も、焦らず、穏やかに楽しめればいいなあと思うようになりました。

12月 7日

山芋
巻いてみました

先日、福島の「空 cafe（ソラカフェ）」の阿《あ》部《べ》典《のり》子《こ》さんから、畑で採れたものをいっぱい詰め込んだ箱が届きました。その中に立派な山芋が入っていました。

実は私、山芋大好きなんです。まずは、細い千切りにして、砂糖大さじ1、酢大さじ2、水大さじ1、薄口醤油小さじ1を混ぜて甘酢あえに。するするシャキシャキおいしくいただきました。

次の日は輪切りにして、オリーブオイルで焼きました。塩をぱらりとふりかけるだけで、何個でもいけちゃいます。

そして、昨日は肉巻きに。山芋に豚バラ肉を巻き付けて焼き、醤油麴、醤油、砂糖、みりんで甘辛く味つけしました。山芋って、火を入れるとホクホクになって、生とはまったく違うおいしさを味わえます。

わが家では、揚げ物レスな生活が続いています。「今日は何にしようかなあ」と考えるとき、今までどれだけたくさん揚げ物をしてきたかを思い知ります。

コロッケ、春巻きなどはもちろんですが、野菜の素揚げ、れんこんの挟み揚げ、鶏肉や肉団子を揚げてから甘辛く煮たり、高野豆腐を揚げてから煮たり。揚げ物だらけすぎやん！　と反省……。

今では、魚を焼いたり、炒め物にしたり、蒸し物にしたり。自宅療養中に、干物や味噌漬けの魚を送っていただいたので、冷凍庫にストックがいっぱいあって助かっています。

すると！　なんと体重が2キロも落ちた！　こんなにも変わるものなんですね。というか、やっぱり揚げ物を食べすぎだったのかも。

しばらくは、この生活を続けてみようと思います。

12月 12日

ソープボトルが復活！

先日「無印良品」に立ち寄ったとき、「そうだ、あれも買い替えよう」と思い立ち、ソープボトルを購入しました。毎回このソープボトルを買うとき、胸がちくりと痛みます。というのも――

もっとこまめにボトルを洗って清潔にキープしていたら、買い替える必要なんてないんですから！　ソープボトルって、ハッと気づいたら、茶色というか、黄色というか……の「さぼったリング」がついていませんか？　汚れを放りっぱなしにしておくと、ブラシでゴシゴシ洗っても、すっきりリセットできなくなっている。そして、この茶色というか、黄色というかの汚れが気になりだしたら、今まで放りっぱなしにしていたくせに、なんだか不潔な気がしてきて、いてもたってもいられなくなります。

今回、新しいボトルを買ってきたものの、汚れがついた古いボトルを捨てるのはしのびなく、最後の最後にもう一度、徹底的に洗ってみることにしました。

まずは、漂白剤につけおき。軽くてぷかぷか浮いてしまうので、陶器の落とし蓋を上にのせて、しばらく置いておきました。「どうかな」と引き上げてみたら、やっぱり、溝の部分についた汚れは落ちていない……。でも、ちょっとはふやけているはずと、今度はその汚れを、竹串でチマチマこすってみました。

すると！　あれ！　取れるじゃないですか！

「お〜！」と一人で盛り上がりながら、ひたすらチマチマ。こうして、ボトルはめでたく、溝の隅々まできれいになって、復活したのでした。

新しいボトルを買っちゃったけれど、これはもっと先までストックしておくことにして、古いボトルのまま使うことにしました。

あ〜、うれしい。こんなことがとってもうれしいのです。

「今日一日」という意識

先日、沢田研二さんが主演の映画「土を喰《く》らう十二ヵ月」を観てきました。

いや〜、しみじみいい映画でした。作家・水上勉《みずかみつとむ》さんの『土を喰う日々―わが精進十二ヵ月―』（新潮文庫）を原案とした映画です。

作家のツトムさんは、実家が貧しくて口減らしのため寺へ。9歳から13歳まで禅寺に住み、精進料理を身につけました。そのツトムさんが、人里離れた信州の山荘で暮らしながら、畑で育てた野菜や山菜を使い、日々ご飯を作る……。その淡々とした日常を、春夏秋冬で追っていくストーリーです。花を添えるのは、松たか子さんが演じる、担当編集者で恋人の真知子《まちこ》さん。料理は土井善晴さんが担当されています。

筍《たけのこ》の煮物、芹《せり》ご飯、ふろふき大根、胡麻を擦《す》って作る胡麻豆腐。畑から採ってきたものを、その日、台所で料理する。その手順を追うだけでも十分楽しめるし、できあがった一皿のおいしそうなこと！

撮影チームは、実際に里山に家を借り、畑を耕し、種をまき、春は春の野菜を、夏は夏の野菜を収穫し、料理する。すべて「本当に」季節を味わいながら映画を作ったそう。

雪が積もった畑に大根を採りに行くシーンは、足跡がついていない雪の上を歩いて行くので失敗は許されず、チャンスはワンテイクのみ。梅干しを漬けるために、しその葉を摘み、塩漬けにし、揉んで、その手先から紫色の汁がポタポタ落ちる……。どのシーンにもリアリティがこもり、その中でしか立ち上がらない美しさがありました。

そんな中でツトムさんは、心筋梗塞で倒れて3日間意識が戻りません。九死に一生を得て、家に戻ったとき、「どうして人は死ぬのが怖いのか、僕はそれを一人で考えたい」と真知子さんに告げます。

昼間はもちろん、月明かりの中でも、朝の光の中でも、カサカサと、万年筆を走らせる音が響く。そこから畑のシーンに戻ったとき、畑仕事をしながら、ツトムさんはこんなふうに言いました。

「明日も明後日も、と欲張るからわからなくなる。今日一日だけでいい」

私は、ここにものすごく感動しました。

どうして、死ぬのが怖いのか……？　それは、明日も、明後日も、と考えてしまうから。それを「今日一日だけでいい」と切り替えたとたん、恐怖は消え去って、「今日一日」が輝き出す。

先のことを考えれば、いろいろ不安になるけれど、「今日一日」と思えば、「さて、今日何しよう？」と楽しみになってきます。「明日もある今日」ではなく、「今日の今日」と考えただけで、「今日は、おやつに冷凍しておいた餡を解凍して、おもちを焼いてぜんざいでも作ろうか」と、「今日」の中に一粒お楽しみの種を見つけたくなります。

久しぶりに水上勉さんの小説を、もう一度読んでみようかなあと思っています。

12月 20日

新しい年への準備はゆるゆると

実家のことが心配なので、今年は早めに帰省することにしました。なので、私にしては珍しく、ちょっと早めに少しずつ新年の準備を始めています。といっても、大きなことではなく、来年用の新しい日用品を、ネットでポチっている程度です。なので、わが家は今宅配便ラッシュ！　いろんなものが届きます。

新年には下着もせ〜ので取り替えます。というわけで、まずは「homspun（ホームスパン）」の薄手のレギンスを購入。レギンスって、ついあちこちで買って増えてしまいがち。そこで、今年から薄手2枚、厚手2枚だけ、と決めました。薄手は8分丈と6分丈の2種類を持ち、パンツの丈によって使い分けます。もう少し寒くなったら、「joha（ヨハ）」の厚手のウールのレギンスに替えます。

このほかにも、穴が開いたたまずっと使い続けていた鍋つかみを買い替えたり、ポットの中を過炭酸ナトリウムで漂白し（ピカピカになります）、パーツを分解してゴムパッキンの溝を小さなブラシで洗ってみたり。

こうして、少しずつ一年をリセットし、日用品がさらっぴんになっていくのが気持ちいい。ただし、年末までにやらなくちゃ！と思わないことがコツ。完璧にしようと思うと、疲れてしまい、せっかくの「さらっぴんの気持ちよさ」を味わうゆとりがなくなってしまいます。

いつも気の向くままに、時間があるときに。そんなゆるゆるの年末プチ掃除を楽しみます。

12月 23日

人付き合いは短く、さりげなく、その時だけでいい

昨日は冬至でした。一年のうちで一番昼間が短い日。ということは、今日から少しずつ日が長くなっていくということ。これから寒さが本番！という時期ですが、自然界は少しずつ春へ向かって進んでいくのですね。

3日ほど前、同じ吉祥寺仲間で「コロモチャヤ」を営む中臣《なかとみ》美香《みか》さん宅へ、お裾《すそ》分けを届けに行きました。歩くと30分ほどかかりますが、自転車なら15分ほど。井の頭公園の落ち葉の道をチャリチャリ。

お宅に着いてお裾分けを届けたら、「これ、無農薬で取り寄せているから」とみかんをお土産にいただきました。届けに行ったのに、またかごにいただきものをのせて帰る。なんだかこういうの、幸せだなあと思いました。

また別のある日、自宅で原稿を書いていたらピンポーンとチャイムが鳴ったので、出てみると、美香さんとご主人、息子さんの姿が。ご家族で自転車で散策に出かけ、「（隣駅の）西荻のおいしいお豆腐屋さ

んに寄ったので」と、お豆腐を届けてくれました。

私は25歳で東京に出てきましたが、今までこういう「ご近所付き合い」ってほとんどしてこなかったような気がします。そんな「ご近所」の扉を開けてくれたのも、美香さんでした。

美香さんが出産後小さな子どもを抱え、家から一歩も出られずに、どんどん塞《ふさ》ぎ込んでいたときに、ご近所さんがスープを届けてくれたり……と助けてくれたそうです。そんな体験から、「何かできることがあったら、言ってね」ではなく、「その人のために役立ちそうなことがあれば、どんどん自分から動いちゃう方がいい、って強く思ったんです」と教えてくれました。

美香さんとご近所付き合いを始めて、しみじみと感じるようになりました。仕事つながりでもない、友達でもない、近所に住んでいるだけ。でも、ちょっともらったものを分けあったり、声をかけあったり、そういうのっていいなあと。

「友達」と聞くと、すべてを話し、すべてをわかりあって、いつも一緒で……と濃い関係を想像しがちです。でも、そんな関係を築くのは、ちょっとしんどい。だったら「いつも」じゃなくていい。ちょっとみかんをたくさんもらったから、あの人に届けようかな？　そんな程度でいいんだなあと。

「ご近所付き合いの練習」で、人付き合いのフットワークが少しだけ軽くなったように感じています。

12月24日

I LOVE 三浦大根

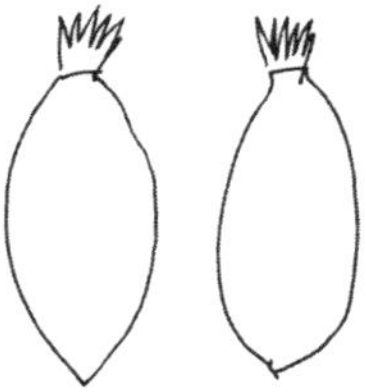

最近の朝のウォーキングは、2倍得する気分です。というのも、家を出たときはきれいなお月様と、帰り道には朝焼けと出会うことができるから。き〜んと寒いけれど、エイッと外に出たご褒美のような風景は、冬ならではです。

この時期、見つけたら必ず買うのが三浦大根です。私はこれが大好き！　いつも行く自然食品のお店に泥つきの大根が出ていると、ずっしり重たいのを、エッサホイサとかついで帰ります。

昨日もさっそく炊いてみました。まずは、お米を入れて下茹でを。わが家では、毎日ご飯を炊くわけではないので、米のとぎ汁ではなく、ひと握りのお米を入れて炊いています。このひと手間でぐんとおいしくなります。

お米の計量カップは「マーナ」のもの。持ち手がついているうえ、一辺がまっすぐなので、米櫃《こめびつ》の底のお米もすくいやすくて便利です。

下茹でが終わったら、昆布とかつお節でとった出汁で、ちくわと一緒に炊くことに。大根は、鶏肉や厚揚げなどと一緒に炊けば、それ一品でメイン料理になります。脇役おかずをボリュームアップして、メインに仕立てるとちょっと得した気分になります。

今日は、薄口醬油と醬油麴を混ぜて味つけしてみました。うっすら薄味というよりも、ご飯に合う味。でも、出汁の味もしっかり染みている。そんな普段着のおかずです。

昨晩は和食でしたが、たとえば、チキンステーキとか、コロッケなど、洋風のおかずにも、こうした煮物を一品合わせます。醬油味のものがあると、なんだか落ち着きます。

大根とちくわの炊き合わせ

材料……三浦大根半本（1キロぐらい）、ちくわ中2本、出汁3カップ、薄口醬油大さじ2、醬油麴大さじ1、砂糖大さじ2、酒大さじ2、みりん大さじ1、塩少々

作り方…大根は輪切りか半月切りにし、米ひと握りを加えて下茹でしておく。ちくわは斜め切りにしておく。大根に出汁を加えて煮立てたら、ちくわと調味料を加え、やわらかくなるまで煮る。

12月30日

実家で「娘に戻る」幸せ

新大阪駅からＪＲ神戸線に乗り換え、六甲山の山並みが見えてくると、「帰ってきたなあ」と思います。実家に到着すると、さっそく母の買い出しや夕飯作りを手伝ったり、高いところにある物を下ろしたり、父の話し相手をしたり。年老いた両親を手伝うつもりで帰ってきているのに、確かにあれこれ手伝ってはいるのに、どこか、心と体を預けたような安心感を感じるのは、何歳になっても、父と母の前では、私は「娘」になれるからなんだなあと思います。

実家のキッチンで、新たな風景を発見！　食器棚の腰の高さぐらいの位置に大きな透明クリップがふたつ、５センチぐらいの幅をあけて取り付けられていました。

「これ、なあに？」と聞くと、「私が発明したんよ」と母は得意顔。家の中でも杖をつくようになった母。キッチンに立つときは、両手を使うので杖を置かなくてはいけません。ところが、立てかけておくと、すぐに倒れてしまいます。そこで、１００均で大きめのクリップを見つけて取り付け、ふたつのクリップの間に、杖を置くようになったというわけです。これなら立てかけただけでも倒れない！　「なるほど～」と拍手！　たったクリップふたつで、いつもの「不便」が解消する。杖が倒れるという不便がなくなるだけで、キッチンの作業がスムーズになって、暮らしの質がちょっと上がる。「自分の幸せを自分でつくる」って、こんなささいなことなんだよなあと、改めて教えられた気がします。

毎朝、パソコンに向かってブログを書きます。正直、「ああ、今日はもう書くことないよ～」と思うこともたびたび……。それでも、今日見た椿《つばき》のことを書けば、そうそう、あの時こう思ったんだよなあと、記憶がするすると出てきます。私は、書くことで日常の中からたくさんのものを拾い上げているのだなあと思います。

また新しい年がきたら、新しい気持ちで綴っていきたいと思います。

おわりに

この本は、私自身のサイト「外《そと》の音《ね》、内《うち》の香《か》」で、「日々のこと」として綴った文章に加筆してまとめたものです。毎朝5時半に起きると、2キロほどのウォーキングに出かけます。帰ると15分ほどストレッチをし、その後家中の拭き掃除を。白湯《さゆ》をカップに入れて、パソコンの前に座り、まず書き始めるのがこの「日々のこと」です。

今日感じたことなどを、ほやほやの状態で書く。だから、そこにはそのときの私の「気分」が色濃く注入されます。日々の記録を読み返し、一冊の書籍にまとめる作業は、その「気分」が、自分でも気づかないほど少しずつ変わっていった足跡をたどり、自分で自分の過去を観察しているようでした。

一番大きく変わったなあと感じているのが、ビビリンボで、ペシミストだった私が、「きっといいことがあると信じたい」とか、「今ここにあるものを味わいたい」と、小さな光を見出そうとしていることでした。これには、自分でもびっくりです。

ぎゅっと縮こまっていた体をほどき、世界を眺めてみたら、どうやらあっちに光があるらしい……。その発見は、光か闇か、どちらの道を行くかは自分で選ぶことができる、という気づきでもありました。楽しい方を選べば楽しくなるし、悲しい方を選べば悲しくなる。だとすれば、幸せになるかどうかも、自分で決められる、ということなのかな？

私の練習はまだ始まったばかりです。つい「ああだったらどうしよう？」と心配ばかりしてしまうけれど、いつか「アハハ、まあいいじゃん！」と光にまっすぐに手を伸ばせる人になりたいと思います。

一《いち》田《だ》憲《のり》子《こ》

1964年京都府生まれ兵庫県育ち。編集者・ライター。OLを経て編集プロダクションへ転職後、フリーライターに。暮らしまわりを中心に、書籍・雑誌で執筆。独自の視点による取材・記事が人気を得ている。『暮らしのおへそ』（主婦と生活社）では編集ディレクターとして企画・編集に携わる。著書多数。近著に『人生後半、上手にくだる』（小学館クリエイティブ）、『もっと早く言ってよ。50代の私から20代の私に伝えたいこと』（扶桑社）がある。

外の音、内の香
https://ichidanoriko.com/

ブックデザイン　渡部浩美
写真・絵　一田憲子
編集担当　八木麻里（大和書房）

明《あか》るい方《ほう》へ舵《かじ》を切《き》る練習《れんしゅう》

2023年2月20日　第1刷発行

著者　一《いち》田《だ》憲《のり》子《こ》
発行者　佐藤　靖
発行所　大和《だいわ》書房
東京都文京区関口1-33-4
電話　03-3203-4511
印刷　信毎書籍印刷
カバー印刷　歩プロセス
製本　ナショナル製本

ISBN978-4-479-78579-8
乱丁・落丁本はお取り替えいたします。
http://www.daiwashobo.co.jp